French in Action

Pierre J. Capretz
Yale University

with

Thomas Abbate
Wellesley College

Béatrice Abetti
Yale University

Frank Abetti
Wellesley College

French in Action

A Beginning Course in Language and Culture

The Capretz Method   WORKBOOK Part 1

YALE UNIVERSITY PRESS   New Haven and London

Published with assistance from the Mary Cady Tew Memorial Fund.

Major funding for *French in Action* was provided by the Annenberg/ CPB Project. Additional funding was provided by the Andrew W. Mellon Foundation, the Florence J. Gould Foundation, Inc., the Ministries of External Relations and of Culture and Communication of the French government, the Jesse B. Cox Charitable Trust, and the National Endowment for the Humanities. *French in Action* is a coproduction of Yale University and the WGBH Educational Foundation, in association with Wellesley College.

Set in Gill and Galliard type by Rainsford Type. Printed in the United States of America by Murray Printing Company, Westford, Massachusetts.

International standard book number: 0–300–03937–9

10 9 8 7 6

Acknowledgment is made to the following for permission to reproduce the cartoons listed below:

Jean Bellus, for the cartoon on page 71, from his book *Une Famille bien française* (copyright © 1966).

Albert Dubout, for the cartoon on page 82, from his book *200 Dessins* (copyright © 1974).

Claude Raynaud, for the cartoons on pages 12, 32, 50, 71, 82, 105, 159, 170, 180, 181, 283, 303, 333, 344, 356, 367, 415, 444, 453, and 473.

Editions Albert René, for the cartoon on page 50, from Uderzo, *Astérix le Gaulois* (copyright © 1961).

Jean-Jacques Sempé, for the cartoons on pages 159 and 415, from, respectively, *Marcellin Caillou* (copyright © 1969), *La Grande Panique* (copyright © 1966), *Tout se complique* (copyright © 1963).

Contents

Lesson 1

Introduction

This workbook is designed to develop your ability to understand and communicate in French. It must be used in close conjunction with the audio series.

Each of the fifty-one lessons following this introduction is divided into four parts. The first, *Assimilation of the text (Assimilation du texte)*, familiarizes you with important words and structures from the episode narrated in the text. The next, *Toward communication (Preparation à la communication)*, contains charts and explanations that illustrate the use of these structures, followed by exercises that give you practice in recognizing and using them. The third section, *Toward free expression (Libération de l'expression)*, is devoted to role-playing and word games that allow you to make creative use of what you have learned and to personalize the story, adapting it to your own tastes and preferences. The final section, *Self-testing exercises (Exercices-tests)*, provides quizzes with which to test your grasp of the most important points of the lesson.

Answer keys at the end of the workbook give the answers to all written exercises, including the self-testing exercises.

Directions and explanations are in English through lesson 4 of the workbook; beginning with lesson 5, the workbook is entirely in French.

Using the Workbook with Video, Audio, and Textbook Components

Video. Each video program of *French in Action* should be viewed before beginning work on the lesson. The purpose of these programs is to expose you in a preliminary way to the material of the lesson and to help develop your feel for communication in French. You will not need to take notes or refer to the textbook or workbook while watching the video programs, and you won't be expected to learn any word or structure in depth from the video programs alone. Extensive practice comes later, as you work with the textbook, workbook, and audio program.

Audio. After you have viewed the video program, complete the first section of the audio program, *Text work-up (Mise en oeuvre)*. As you listen, you will hear two kinds of musical signals, each followed by a pause. The shorter signal means "repeat"; the longer signal means "answer." After the pause, you will hear the correct response for confirmation.

Complete the remaining sections of the workbook, using the audio program when indicated. The headphone symbol accompanying some sections tells you that the audio segment must be used to complete those sections.

Textbook. In this course, the basic material of each lesson is called the text. The texts occur in two forms: a dramatized version in the video and audio programs and a written version in the textbook. Try not to read the text of the lesson until *after* you have completed the text work-up. Pay close attention to the illustrations that accompany the text; the combination of words and pictures will further your understanding of important concepts.

After you have studied the text and pictures, read through the questions that follow the text. These questions will be familiar to you from the assimilation section of the audio program, and you should be able to answer them without difficulty.

A *study guide*, in English, is available to help you through each lesson. It is indispensable for students taking the course as a telecourse, and optional for on-campus students.

Lesson 2

Assimilation of the text

⌖ 2.1 Text work-up

Listen to the text on the recording. Repeat and answer according to the directions.

⌖ 2.2 Aural comprehension

Phase 1: You will hear a phrase that corresponds to each picture in the series below. Look at the picture and repeat the phrase you hear.

Phase 2: Look at pictures 1,2,3,4,5,6, and 7. You will hear phrases identified by the letters A,B,C,D,E,F, and G. Write the letter of each phrase under the picture to which it corresponds.

Example:
You hear: A. Bon appétit!
You write *A* under picture 1.

1   <u>A</u>

2   ___

3   ___

4   ___

5   ___

6   ___

7   ___

2

🎧 2.3 Aural comprehension

You will hear the beginning of a series of short exchanges between two people. Choose the second person's answer from among the three possible responses. Indicate your choice by circling *a*, *b*, or *c*.

Example: You hear: 1. Bonjour! Vous allez bien?
You choose the best answer (b. Je vais bien, merci) and circle *b*.

1. a. Bon appétit!
   ⓑ Je vais bien, merci.
   c. Je vais à la fac.

2. a. Bonjour!
   b. Ça va.
   c. Bon appétit!

3. a. Bon appétit!
   b. Ça va bien, merci.
   c. Tiens!

4. a. Merci!
   b. Salut!
   c. Bonjour!

5. a. Merci!
   b. Salut!
   c. Bonjour!

6. a. Je vais bien, merci.
   b. Elle va à la fac.
   c. Nous allons à la fac.

7. a. Elle va à la fac.
   b. Elle va bien.
   c. Il ne va pas trop bien.

8. a. Merci!
   b. Au revoir.
   c. Bonjour!

9. a. Je vais bien, merci.
   b. En France.
   c. Je vais à la bibli.

10. a. Ça va?
    b. Nous allons au restau-U.
    c. Bon appétit!

Toward communication

🎧 2.4 Observation: Pronunciation; division into syllables

x = consonant (/b/ /c/ /d/ /f/ /g/ /l/ /p/ /r/, etc.)   o = vowel (/o/ /e/ /a/ /i/ /u/, etc.)

```
x o   x o x
bon   jour!

x o   x o   x o  xo
bo  n a  ppé  tit!

x o   xox
ma   lade

xo    x  o    xo   xo
co   mment  vas - tu?

xo    x  o   x o  xo   x o
co   mmen  t a  llez - vous?
```

🎧 2.5 Activation: Pronunciation; division into syllables

Listen and repeat.

1. le - fran - çais
2. la - bi - bli
3. sa - lut

4. ma - lade
5. le - res - tau - U
6. bon - jour

7. bo - n a - ppé - tit!
8. co - mment - vas - tu?
9. co - mmen - t a - llez - vous?

2.6 Observation: Personal subject pronouns

	singulier	*pluriel*
1ère personne	**Je** vais bien.	**Nous** allons bien.
2ème personne *forme familière* *forme polie*	**Tu** vas bien. **Vous** allez bien.	**Vous** allez bien. **Vous** allez bien.
3ème personne *masculin* *féminin*	**Il** va bien. **Elle** va bien.	**Ils** vont bien. **Elles** vont bien.

2.7 Observation: Personal subject pronouns, 3rd person

	singulier	*pluriel*
masculin	le professeur Hubert } **il** Fido	les étudiants Hubert et Ousmane } **ils** Hubert et Mireille
féminin	la jeune fille la dame } **elle** Mireille	les jeunes filles les dames } **elles** Mireille et Colette

⌒⌒ 2.8 Activation (oral and written): Personal subject pronouns

Listen to the questions, answer orally, and complete the written sentences according to the example.

Example: You hear: 1. Comment va Hubert?
　　　　　You say: Il va bien.
　　　　　You write: <u>Il</u>

2. Comment va Mireille?

   _____ va bien.

3. Comment allez-vous, vous deux?

   _____ allons bien.

4. Comment va Hubert?

   _____ va bien.

5. Comment vont Ghislaine et Mireille?

   _____ vont bien.

6. Comment vas-tu?

   _____ vais bien.

7. Comment vont Hubert et Ghislaine?

   _____ vont bien.

8. Comment vont Ousmane et Hubert?

   _____ vont bien.

2.9 Observation: Verb *aller*, present indicative

aller			
je	vais	nous	**all**ons
tu	vas	vous	**all**ez
il	va		
ils	vont		

⌘ 2.10 Activation (oral and written): Forms of the verb *aller*

Listen to the questions, answer orally, and complete the written sentences according to the example. You may want to use the chart above (2.9) to help you.

Example:
You hear: 1. Comment va Hubert?
You say: Il va bien.
You write: <u>va</u>

2. Comment va Mireille?

Elle _____ bien.

3. Comment va Hubert?

Il _____ bien.

4. Comment vas-tu?

Je _____ bien.

5. Comment allez-vous, vous deux?

Nous _____ bien.

6. Comment vont Ghislaine et Mireille?

Elles _____ bien.

7. Comment vont Ghislaine et Hubert?

Ils _____ bien.

2.11 Observation: Uses of the verb *aller*

aller	aller
Je vais à la fac.	Je vais bien.
Je vais à la bibli.	Je vais mal.
Je vais au restau-U.	Ça va.
déplacement	*santé*

⌘ 2.12 Activation (oral): Verb *aller*

In each of the following dialogues, you will take the part of a character. First, you will hear the dialogue twice: once recorded in the studio, once on location. Then you will hear the beginning of each exchange again, and you will play the part of the indicated character.

Example: 1. (Ousmane and Mireille) You are Mireille. Listen to the dialogue between Ousmane and Mireille:
    OUSMANE: Ça va?
    MIREILLE: Oui, ça va.
Now it is your turn. You are Mireille. You hear:
    OUSMANE: Ça va?
You answer: Oui, ça va.

Example: 2. (Mireille and the professor) You are Mireille. Listen to the dialogue between the professor and Mireille:
    LE PROFESSEUR: Tiens! Bonjour, Mlle Belleau!
        Comment allez-vous?
    MIREILLE: Je vais bien, merci.
Now it is your turn. You are Mireille. You hear:
    LE PROFESSEUR: Tiens! Bonjour, Mlle Belleau!
        Comment allez-vous?
You answer: Je vais bien, merci.

3. (Mme Rosa and Mireille)   You are Mme Rosa.
4. (Hubert and Mireille)   You are Hubert.
5. (Mireille and Véronique)   You are Véronique.
6. (Mireille and Marc)   You are Mireille.
7. (Mireille and Ousmane)   You are Ousmane.

⌔ 2.13 Activation (oral): Verb *aller*

Listen to each of the following dialogues and answer the question that follows.

Example: 1. Où va Mireille?
You hear:
COLETTE: Mireille! Bonjour! Où est-ce que tu vas?
MIREILLE: Je vais à la fac.
Then you hear the question: Où va Mireille? Où est-ce qu'elle va?
You answer: Elle va à la fac.

Example: 2. Est-ce que Ousmane va bien?
You hear:
MIREILLE: Bonjour, Ousmane! Tu vas bien?
OUSMANE: Oui, oui, je vais bien, merci.

Then you hear the question: Est-ce qu'Ousmane va bien?
You answer: Oui, il va bien.

3. Où va Mireille?
4. Est-ce qu'Ousmane va bien?
5. Où vont Marc et Catherine?
6. Où va Ousmane?
7. Est-ce que Mireille va bien?

⌔ 2.14 Observation: Sounds and letters

*all*er	tu *vas*	nous all*ons*	bon*jour*
nous *all*ons	il *va*	bon*jour*	*nous* allons
vous *all*ez	elle *va*		*vous* allez
	ça *va*		

⌔ 2.15 Activation: Dictation

Listen, and write the missing words in the following sentences.

1. —_____, Mme Rosa.

_____?

—_____!

2. —Tiens! _____, Mlle Belleau!

Comment _____?

—Je _____ bien,

_____.

3. _____ apprendre le français.

2.16 Activation (written): Uses of the verb *aller*

Complete the following sentences.

1. —Tiens, Ousmane! Bonjour. Tu vas bien?

—Oui, _____ _____ _____ ,

merci.

Et toi, _____ _____ _____ ?

2. —Bonjour, Monsieur, vous allez bien?

—Oui, _____ _____ ,

merci.

Et vous, _____ _____ _____ ?

3. —Ça va?

—Oui, _____ _____ .

4. —Tiens! Bonjour, Mireille. Où vas-tu?

—_____ _____ à la fac. Je suis pressée.

5. —Tiens! Marc et Catherine. Où allez-vous?

—_____ _____ au restau-U.

6. —Où est-ce qu'ils vont?

—_____ - _____ au restau-U.

7. —Qu'est-ce que nous allons apprendre?

—Nous _____ le

français.

2.17 Observation: Talking about health

verbe **aller** + *adverbe*		*verbe* **être** + *adjectif*	
Je	**vais** bien.	Je	**suis** fatiguée.
Je	**vais** mal.	Je	**suis** malade.
Je ne	**vais** pas bien.	Elle	**est** fatiguée.
Ça ne	**va** pas bien.	Il	**est** malade.
Ça ne	**va** pas fort.		
Ça ne	**va** pas.		
Ça	**va.**		
Ça	**va** bien.		

⌒ 2.18 Activation (aural and written): *Aller / être*

Listen, and complete the following sentences with a form of the verb *aller* or *être*.

1. —Comment allez-vous?

   —Oh, je ne _____ pas trop bien!

   Je _____ fatiguée.

2. —Ça ne _____ pas?

   —Non, ça ne _____ pas fort; je _____ malade.

   —Comment _____ Hubert?

   —Pas trop bien. Il _____ fatigué.

3. —Ça ne _____ pas bien?

   —Non, je _____ malade.

4. —Où vas-tu? Tu vas à la fac?

   —Oui, excuse-moi, je _____ pressée. Au revoir.

2.19 Observation: Negation

positif (oui)	*négatif* (non)
pressé	**pas** pressé
malade	**pas** malade
fatigué	**pas** fatigué
Il est pressé.	Il n'est **pas** pressé.
Elle est malade.	Elle n'est **pas** malade.
Elle va bien.	Elle ne va **pas** bien.

Note that *pas* is a negative word.

⌒ 2.20 Activation: Aural comprehension; negation

Listen, and indicate whether the phrases you hear are positive (*oui*) or negative (*non*). Check the corresponding box.

	1	2	3	4	5	6	7	8	9	10	11	12	13	14
positif (*oui*)														
négatif (*non*)														

♫ 2.21 Activation (oral): Dialogue between Mireille and Hubert

You will hear a conversation between Mireille and Hubert. Listen carefully and practice Hubert's lines.

MIREILLE: Tiens, Hubert! Salut! Comment ça va?
HUBERT: **Pas mal.... Et toi?**
MIREILLE: Ça va....

HUBERT: **Où vas-tu comme ça?**
MIREILLE: Je vais à la fac, et toi?
HUBERT: **Oh, moi ... je ne vais pas à la fac.**

Toward free expression

♫ 2.22 Role-playing and reinvention of the story

Listen to the two examples of role-playing and reinvention of the story.

2.23 Role-playing and reinvention of the story

Now, pretend that you meet someone. Imagine a conversation. You may choose among the following possibilities.

PERSONNAGE X:

Tiens! ...
Bonjour! ...
Salut! ...

Mireille....
Colette....
Ousmane....
Jack....
Otto....
Tante Georgette....
Tante Marie....
Monsieur....
Madame....
Mademoiselle....
Vous deux....
Fido....

Ça va?
Comment ça va?
Comment vas-tu?
Comment allez-vous?
Ça va bien?
Tu vas bien?
Vous allez bien?

PERSONNAGE Y:

Ça va, merci! ...
Oui, ça va! ...
Ça va bien, merci! ...
Oui, je vais bien....
Oui, nous allons bien....
Pas mal, merci....
Pas trop bien....
Non, ça ne va pas! ...
Non, je ne vais pas bien! ...
Non, ça ne va pas fort! ...

Et toi?
Et vous?

PERSONNAGE X:

Tu es malade?
Vous êtes malade?

PERSONNAGE Y:

Oui, je suis malade.
Non, je ne suis pas malade, mais ça ne va pas fort.
Je suis fatigué(e).
Oui, ça va mal!

PERSONNAGE X:

Excuse-moi, je suis pressé(e).
Moi aussi, je suis malade.
Fido aussi est malade.
Mais non, tu n'es pas malade!

PERSONNAGE Y:

Où vas-tu?
Où est-ce que tu vas?
Tu es pressé(e)?
Tu vas à la fac?

PERSONNAGE X:

Je vais à la fac.
Je vais à la bibli.
Je vais au restau-U.

PERSONNAGE Y:

Au revoir.
Salut!
Bon appétit!

Self-testing exercices

2.24 Self-testing exercise: Personal subject pronouns

Complete the following sentences.

1. Ousmane est malade?

   Oui, _____ est malade.

2. Tante Georgette est fatiguée?

   Oui, _____ est fatiguée.

3. Tu vas à la fac?

   Oui, _____ vais à la fac.

4. Les étudiants vont apprendre le français?

   Oui, _____ vont apprendre le français.

5. Vous allez au restau-U?

   Oui, _____ allons au restau-U!

6. Mireille et Colette vont apprendre l'italien?

   Oui, _____ vont apprendre l'italien.

7. Tu vas bien?

   Non, _____ suis fatiguée.

8. Ça ne va pas fort.

   Ah non? _____ es malade?

Check your responses. If you have made more than one error, work with sections 2.6, 2.7, and 2.8 in the workbook.

2.25 Self-testing exercise: Verb *aller*, present indicative

Complete the following sentences.

1,2. Tiens, Mireille! Comment _____-tu?

   Ça _____.

3,4. Bonjour, Mlle Belleau.

   Comment _____-vous?

   Je _____ bien, merci.

5. Tiens, regarde, c'est Marc et Catherine.

   Où _____-ils?

6. Salut, vous deux. Vous êtes pressés?

   Oui, nous _____ au restau-U!

Check your responses. If you have made any errors, work with sections 2.9 and 2.10 in the workbook.

ℜ 2.26 Self-testing exercise: Uses of the verb *aller*

Choose the correct answer for each question you hear.

1. a. Je vais au restau-U.
   b. Je suis malade.
   c. Je suis pressée.

2. a. A la fac.
   b. Ça va.
   c. Elle est fatiguée.

3. a. Non, à la bibli.
   b. Non, le français.
   c. Non, pas trop bien.

4. a. Oui, ça va.
   b. Non, mais ça ne va pas fort.
   c. Non, merci.

5. a. Non, je vais à la fac.
   b. Non, je suis pressée.
   c. Non, je suis malade.

6. a. A la bibli.
   b. Très bien, merci.
   c. Ça va.

Check your responses. If you have made any errors, work with sections 2.11, 2.12, 2.13, and 2.16 in the workbook.

Lesson 3

Assimilation of the text

☊ 3.1 Text work-up

Listen to the text on the recording. Repeat and answer according to the directions.

☊ 3.2 Aural comprehension

Phase 1: You will hear a phrase corresponding to each picture in the series below. Look at the picture and repeat the phrase.

Phase 2: Look at pictures 1,2,3,4,5, and 6. You will hear phrases identified by letters A,B,C,D,E, and F. Write the letter of each phrase under the picture to which it corresponds.

Example:
You hear: A. Un monsieur
You write: <u>A</u> under picture 1.

1   <u>A</u>

2   ___

3   ___

4   ___

5   ___

6   ___

☊ 3.3 Oral production

Listen to each of the following dialogues and answer the question that follows.

Example: 1. Qu'est-ce que nous allons apprendre?
You hear: Nous allons apprendre le français.
You hear the question: Qu'est-ce que nous allons apprendre?
And you say: Nous allons apprendre le français.

Example: 2. Qu'est-ce que nous allons inventer?
You hear: Nous allons inventer une histoire.
You hear the question: Qu'est-ce que nous allons inventer?
And you say: Nous allons inventer une histoire.

3. Ça va être l'histoire de qui?
4. Qu'est-ce que la jeune fille va être?
5. Pourquoi est-ce que la jeune fille va être française?
6. Qu'est-ce que nous allons choisir pour les deux jeunes gens?

7. Qu'est-ce que ça va être?
8. Comment est-ce que le jeu va être?

Toward communication

3.4 Observation: Interrogation; four types of questions

questions	*réponses*
Est-ce que la jeune fille va être française? Est-ce que la jeune fille va être américaine?	Oui. Non.
Qu'est-ce que nous allons inventer?	Une histoire.
Qui est-ce qui va inventer une histoire?	Nous.
Pourquoi est-ce que nous allons inventer une histoire?	Parce que ça va être utile. Pour apprendre le français.

Note that the words *est-ce que* or *qui* are present in the four types of questions.

The answer to *Est-ce que...?* is *oui* or *non*.

The answer to *Qu'est-ce que...?* is usually the name of a thing.

The answer to *Qui est-ce qui...?* is usually a pronoun or the name of a person.

The answer to *Pourquoi est-ce que...?* usually starts with *parce que* or *pour*.

3.5 Activation: Aural comprehension; four types of questions

You will hear a series of questions. Choose the best answer among the four possibilities, and check the corresponding box.

	1	2	3	4	5	6	7	8	9	10
oui										
une histoire										
nous										
pour apprendre le français										

෴ 3.6 Observation: Pronunciation; tonic stress

Pour apprendre le français, nous allons inventer une histoire.

The phrase is divided into two parts—two groups of sounds, two rhythmic groups. There is a slight pause between *français* and *nous*. There is a tonic stress on the last syllable of each rhythmic group: on -*çais* and on -*toire*. But within a single rhythmic group, all syllables have the same intensity; there is no stress, and the rhythm is extremely uniform.

෴ 3.7 Activation: Pronunciation; tonic stress

Listen and repeat. Stress the last syllable of each group.

la leçon　　　　la leçon de français　　　　le français　　　　le français est utile　　　　le français est utile et amusant

෴ 3.8 Observation: Pronunciation of vowels in *il* and *elle*

Listen.

il　　　　elle
il va bien　　　　elle va bien

Note the difference between the vowels in *il* and *elle*. This difference is very important; it represents the distinction between masculine and feminine pronouns.

෴ 3.9 Activation: Aural comprehension of *il*/*elle*

Listen to the following sentences. Observe the distinction between *il* and *elle*, and check the appropriate box.

	1	2	3	4	5	6	7	8	9	10	11	12	13	14	15	16
il																
elle																

෴ 3.10 Activation: Pronunciation of *il*/*elle*

Now listen and repeat. Be sure to reproduce the difference between the vowels of *il* and *elle*.

1. Elle va bien.　　　2. Il va bien.　　　3. Elle écoute.　　　4. Il écoute.

3.11 Observation: Pronunciation of the consonant /l/

Observe the position of the tongue when pronouncing the consonant /l/. The tip of the tongue presses against the base of the upper teeth:

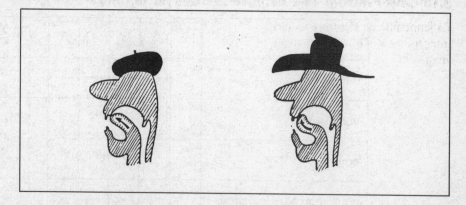

෴ 3.12 Activation: Pronunciation of the consonant /l/

Listen and repeat.　　　mademoise*ll*e　　　*ell*e est ma*l*ade　　　i*l* est ma*l*ade

3.13 Observation: Definite and indefinite articles

—Pour l'histoire nous allons choisir
une jeune fille française.
—D'accord, la jeune fille de
l'histoire va être française.

article indéfini	article défini
une jeune fille	**la** jeune fille de l'histoire

Une jeune fille is an "indefinite" expression (we do not mean a specific young woman).

La jeune fille de l'histoire is a "definite" expression (we mean a specific young woman: the one in the story).

3.14 Observation: The indefinite articles *un* and *une*

Pour l'histoire nous allons choisir
un jeune homme et une jeune fille.

Un and *une* are indefinite articles.

	article indéfini	nom
masculin	**un**	jeune homme
	un	ami
féminin	**une**	jeune fille
	une	amie

The pronunciation of *un* in *un ami* is different from its pronunciation in *un jeune homme*. In *un jeune homme*, *un* represents a vowel sound, without a consonant. In *un ami*, it represents the same vowel sound, plus the consonant /n/. This is true in all cases where *un* precedes a word starting with a vowel sound, like *ami* or *étudiant*. This is an example of **liaison**, which is discussed further in lesson 4.

☊ 3.15 Activation: Aural discrimination of *un/une*

You will hear a series of phrases containing a noun preceded by *un* or *une*. For each phrase, indicate which article you hear by checking the corresponding box.

	1	2	3	4	5	6	7	8	9	10	11	12
un												
une												

3.16 Observation: The definite articles *le*, *la*, and *l'*

La jeune fille de l'histoire va être
française et le jeune homme va être
américain.

	article défini	nom
masculin	**le**	jeune homme
	l'	ami
féminin	**la**	jeune fille
	l'	amie

Le, *la*, and *l'* are definite articles. *Le* and *la* precede words that begin with a consonant sound, such as *jeune fille*, *professeur*, *voyage*, *jeu*, and *français*. *L'* precedes words that begin with a vowel sound, such as *ami*, *étudiant*, *histoire*, and *Américain*. This is an example of **elision**, which is discussed further in lesson 4.

∩ 3.17 Activation: Aural discrimination of *le/la*

You will hear a series of phrases containing a noun preceded by *le* or *la*. In each case, indicate which article you hear by checking the corresponding box.

	1	2	3	4	5	6	7	8	9	10	11	12
le												
la												

3.18 Observation: Singular and plural

singulier		*pluriel*
un professeur + **un** professeur	=	**des** professeurs
une étudiante + **une** étudiante	=	**des** étudiantes
un ami + **un** ami	=	**des** amis
une jeune fille + **une** jeune fille	=	**des** jeunes filles
un jeune homme + **un** jeune homme	=	**des** jeunes gens
une jeune fille + **un** jeune homme	=	**des** jeunes gens

Note that a final -*s* is usually the mark of a plural (*des professeurs*). The plural of *jeune homme* is *jeunes gens*. *Jeunes gens* is also the plural expression for a mixed group—one or several young women with one or several young men.

3.19 Observation: Singular and plural of definite and indefinite articles

	singulier	*pluriel*
masculin	**un** professeur **un** étudiant	**des** professeurs **des** étudiants
féminin	**une** jeune fille **une** étudiante	**des** jeunes filles **des** étudiantes
masculin	**le** professeur **l'**étudiant	**les** professeurs **les** étudiants
féminin	**la** jeune fille **l'**étudiante	**les** jeunes filles **les** étudiantes

Des is the plural of *un* and *une*. *Les* is the plural of *le*, *la*, and *l'*.

Note that the -*s* in *des* and *les* is not heard before a consonant: *des professeurs, des jeunes filles*. However, the -*s* is heard as a /z/ before a vowel: *des étudiants, les étudiants*. This /z/ is pronounced together with the following vowel:

des /z/étudiants   les /z/étudiants

This is an example of liaison, discussed further in lesson 4.

3.20 Activation (written): *Le, la, l', les*

Complete with a form of the definite article (*le, la, l', les*).

1. Le jeune homme est américain.

   La jeune fille est américaine.

2. _____ petit garçon joue à un jeu.

   _____ petite fille joue à un jeu.

3. _____ monsieur est anglais.

   _____ dame aussi est anglaise.

4. L'Italien parle français.

   L'Italienne va apprendre le français.

5. _____ Anglais est un ami de Mireille.

_____ Anglaise est aussi une amie de Mireille.

6. _____ ami de Robert est amusant.

_____ amie d'Ousmane est française.

7. _____ étudiant va inventer une histoire.

Ça va être _____ histoire de deux jeunes gens.

8. Les étudiants vont travailler à la bibli.

Les étudiantes vont manger au restau-U.

9. _____ jeunes gens vont aller au restau-U.

_____ jeunes filles vont travailler à la bibli.

10. _____ professeurs vont travailler à la fac.

11. _____ amis de Robert sont amusants.

_____ amies de Robert sont polies.

12. _____ Italiens parlent italien.

_____ Italiennes parlent italien aussi.

3.21 Observation: Masculine and feminine endings -ais/-aise

masculin	un jeune homme	anglais
féminin	une jeune fille	anglaise

In sound, the feminine form *anglaise* has a final consonant /z/ that is not heard in the masculine form *anglais*. (In the masculine, the final -s is not pronounced; in the feminine, -s represents the sound /z/.) In spelling, the feminine form has a final -e that is absent in the masculine.

3.22 Observation: Masculine and feminine endings -ain/-aine,-ien/-ienne

masculin	un jeune homme	américain
féminin	une jeune fille	américaine
masculin	un jeune homme	italien
féminin	une jeune fille	italienne

In sound, the feminine forms *américaine* and *italienne* have a final consonant /n/ that the masculine forms do not. Furthermore, in the masculine form, the final vowel is nasal; in the feminine form, it is not. In spelling, the feminine forms have a final -e that the masculine forms do not. Note that the feminine ending -ienne is spelled with two ns.

∩ 3.23 Activation (oral): Masculine and feminine forms

Listen and repeat according to the examples.

Examples:
You hear: 1. Est-ce que le jeune homme va être français?
You say: Non, c'est la jeune fille qui va être française.

You hear: 2. Est-ce que la jeune fille va être américaine?

You say: Non, c'est le jeune homme qui va être américain.

Continue orally with the recording.

3.24 Observation: Infinitives

infinitif		
Nous allons	apprendre	le français.
Nous allons	inventer	une histoire.
Nous allons	choisir	deux jeunes gens.
Ils vont	avoir	des amis.

Apprendre, inventer, choisir, and *avoir* are verbs in the infinitive. All French infinitives end in one of the following: -re, -er, -ir, or -oir.

⚝ 3.25 Activation: Dictation; infinitives

Listen, observe, and complete on your page.

Vous savez ce que nous allons faire?

      Nous allons apprend _____ le français.

      Vous allez comprend _____ le français.

          Ça va êt _____ amusant.

Nous allons inventer une histoire.

    Vous allez parl _____ français.

  Vous allez discut _____ l'histoire avec moi.

      Tout va all _____ très bien, vous allez voir!

      Vous allez voir!

Vous allez sav _____ le français.

    Vous allez av _____ des amis français. Ça va être très bien.

Nous allons choisir les jeunes gens de l'histoire ensemble.

    Vous allez chois _____ les jeunes gens avec moi.

3.26 Observation: Immediate future and present

futur immédiat	*présent*
Ils vont manger.	Ils mangent.
Il va travailler.	Il travaille.

Ils vont manger and *ils mangent* represent two different tenses of the verb *manger*. *Ils vont manger* indicates an action in the immediate future. *Ils mangent* indicates an action in the present.

3.27 Observation: Forming the immediate future

futur immédiat **aller + infinitif**		
Nous **allons**	apprend**re**	le français.
Je **vais**	propos**er**	une histoire.
Vous **allez**	chois**ir**	des jeunes gens.
Ils **vont**	av**oir**	des amis.

These sentences are in the immediate future. *Allons, vais, allez,* and *vont* are forms of the verb *aller* (in the present indicative). *Apprendre, proposer, choisir,* and *avoir* are verbs in the infinitive. The immediate future is formed with the verb *aller,* in the present indicative, and an infinitive.

3.28 Observation: Conjugation of the immediate future

je	**vais**	travaill**er**	nous	**allons**	travaill**er**
tu	**vas**	travaill**er**	vous	**allez**	travaill**er**
il	**va**	travaill**er**	ils	**vont**	travaill**er**

Here the verb *travailler* is conjugated in the immediate future. The first part (the verb *aller*) changes form according to person (je *vais*, tu *vas*, nous *allons*, etc.).

The second part (the infinitive *travailler*) does not change (. . . travailler, . . . travailler, . . . travailler, etc.).

⚝ 3.29 Activation (oral): Conjugation of the immediate future

Listen and answer according to the example.

Example:
You hear: 1. Qu'est-ce que nous allons faire?
You say: Nous allons apprendre le français.

Continue orally with the recording.

◎ 3.30 Activation (oral and written): Immediate future

Listen, answer orally, and complete the written sentences.

1. Nous _____ _____ le français.

2. C'est le professeur qui _____ _____ l'histoire.

3. Ça _____ _____ l'histoire de deux jeunes gens.

4. Nous _____ _____ des amis pour les deux jeunes gens.

5. Ils _____ _____ des amis, beaucoup d'amis.

6. Nous _____ _____ des aventures.

7. Ils _____ _____ à la fac,…à la bibli,…au cinéma.

◎ 3.31 Activation (oral): Dialogue between Mireille and Jean-Michel

You will hear a dialogue between Mireille and Jean-Michel. Listen carefully and practice Jean-Michel's answers.

MIREILLE: Nous, nous allons inventer une histoire.
JEAN-MICHEL: **Nous allons inventer une histoire?**
MIREILLE: Oui. Je vais proposer l'histoire.
JEAN-MICHEL: **Et nous, alors?**
MIREILLE: Vous, vous allez inventer l'histoire avec moi. Nous allons inventer des aventures, des voyages. Ça va être amusant, non?
JEAN-MICHEL: **Espérons! Espérons que ça va être amusant!**

Toward free expression

3.32 Role-playing and reinvention of the story

Invent a new text for lesson 3, recombining elements from lessons 2 and 3; for example:

PERSONNAGE X:

Bonjour. Vous parlez {anglais? / japonais? / arabe? / italien? / espagnol? / français? / norvégien?}

PERSONNAGE Y:
Oui.
Mais oui!
Oui, très bien!
Oui, pas mal.…
Un peu.…
Un petit peu.…
Pas très bien.…
Non!

Mais oui, je suis {espagnol. / anglais. / japonais.}

PERSONNAGE X:

Bon, nous allons apprendre {l'italien. / l'arabe. / le japonais.}

Pour apprendre {le français / l'espagnol / l'anglais} nous allons aller {en France. / à Paris / à la fac. / à la bibli. / au restau-U. / au Canada. / aux Antilles. / en Espagne. / en Suisse. / en Afrique.}

Nous allons {écouter. / parler. / parler ensemble. / discuter. / inventer {une histoire. / un jeu.}}

		deux dames.
		deux messieurs.
		deux jeunes filles.
		deux petits garçons.
		deux femmes.
Ça va être l'histoire	de	deux petites filles.
	d'	deux hommes.
		un homme et une femme.
		un chien.
		un éléphant.
		une dame et deux messieurs.
		deux dames et un petit garçon.

		un petit garçon et une petite fille.
		des amis espagnols.
		une amie japonaise.
		des aventures — en France.
		en Suisse.
Ils vont avoir	des aventures	en Belgique.
		en Afrique.
		aux Antilles.
		au Canada.
	des chiens	japonais.
		anglais.
		norvégiens.
	des éléphants	amusants.
		malades.

La dame	va être	professeur.
Le monsieur		étudiant(e).
		malade.
		fatigué(e).
		pressé(e).
		arabe.
		américain(e).
		japonais(e).

☊ 3.33 Role playing and reinvention of the story

Listen to a sample dialogue with Fido the dog.

Self-testing exercices

☊ 3.34 Self-testing exercise: Questions

You will hear a series of questions. Choose the best answer (*oui, nous, le français, parce que ça va être utile*) and check the appropriate box.

	1	2	3	4	5	6	7	8
oui								
nous								
le français								
parce que ça va être utile								

Check your answers. If you have made any errors, work with sections 3.4 and 3.5 in the workbook.

3.35 Self-testing exercise: Articles

Complete the following sentences. Use the indefinite article (*un, une, des*) or the definite article (*le, la, l', les*).

1. Pour l'histoire, nous allons avoir _____ jeunes gens, deux jeunes gens. Nous allons avoir _____ jeune homme et _____ jeune fille.

2. _____ jeune homme de _____ histoire va être américain. _____ jeune fille va être française.

3. _____ jeunes gens vont avoir _____ amis, _____ aventures. _____ aventures des jeunes gens vont être amusantes.

Check your answers. If you have made any errors, work with sections 3.13 through 3.20 in the workbook.

3.36 Self-testing exercise: Masculine and feminine forms

Complete according to the example.

Example:
You see: Pour l'histoire, tu préfères une Japonaise?
You write: Oui, et un <u>Japonais</u> aussi.

1. Tu préfères une Italienne?

   Oui, et un _____ aussi.

2. Une Américaine?

   Oui, et un _____ aussi.

3. Une Anglaise?

   Oui, et un _____ aussi.

4. Une Française?

   Oui, et un _____ aussi.

5. Une Norvégienne?

   Oui, et un _____ aussi.

6. Une Africaine?

   Oui, et un _____ aussi.

7. Une Antillaise?

   Oui, et un _____ aussi.

8. Une chienne?

   Oui, et un _____ aussi.

Check your answers. If you have made any errors, work with sections 3.21, 3.22, and 3.23 in the workbook.

Lesson 4

Assimilation of the text

🎧 4.1 Text work-up

Listen to the text on the recording. Repeat and answer according to the directions.

🎧 4.2 Aural comprehension

Phase 1: To learn French, we are going to invent a story. What kind of story? Here are a few options. Look at the pictures and repeat the phrases you hear.

1 ___

2 __A__

3 ___

4 ___

Let's go on. For our story, we will choose a young man, a young American. Look at the pictures and repeat the phrases you hear.

5 ___

6 ___

7 ___

8 ___

Phase 2: Look at pictures 1,2,3,4,5,6,7, and 8. You will hear phrases identified by the letters A,B,C,D,E,F,G, and H. Write the letter of each phrase under the picture to which it corresponds.

Example: You hear: A. Ça va être un roman d'aventure. You write *A* under picture 2.

⌓ 4.3 Oral production

Listen to the following dialogues. In each dialogue, you will take the part of one of the characters. You will hear the entire dialogue once, then the beginning of each exchange. Play the part of the character indicated.

Example: 1. (Le professeur et un étudiant) Vous allez être l'étudiant.
Listen to the dialogue between the teacher and a student.

    LE PROFESSEUR: Vous aimez les romans?
    L'ETUDIANT: Oui...enfin....Ça dépend....
Now, listen to what the teacher says, and play the part of the student. You hear:

LE PROFESSEUR: Vous aimez les romans?
You answer: Oui...enfin....Ça dépend....

2. (Le professeur et l'étudiante)   Vous êtes l'étudiante.
3. (Le professeur et l'étudiant)   Vous êtes l'étudiant.
4. (Le douanier et l'Américain)   Vous êtes l'Américain.
5. (Le douanier et le Brésilien)   Vous êtes le Brésilien.

Toward communication

⌓ 4.4 Observation: Pronunciation; vowels in *le*, *la*, and *les*

Listen.   *le* *la* *les*
        le jeune homme
        la jeune fille
        les jeunes gens

Note that the vowels in *le*, *la*, and *les* are very different from one another. These differences are important since they reflect the distinction between masculine and feminine and between singular and plural.

⌓ 4.5 Activation: Pronunciation; *le, la, les*

Listen and repeat. Be sure to differentiate among the vowels of *le*, *la*, and *les*.

le jeune homme   *le* professeur   *le* monsieur
la jeune fille   *la* fac   *la* dame
les jeunes gens   *les* profs   *les* dames

⌓ 4.6 Observation: Pronunciation; nasal vowels

Listen.

/œ̃/	/ɔ̃/	/ɑ̃/	/ɛ̃/
un	*on*	*an*	*hein*
auc*un*	all*ons*	rom*an*	améric*ain*

Un, *on*, *an*, and *hein* represent nasal vowels. They are **vowels** (no consonant sound /n/ is heard), but they are **nasal** vowels, because when they are pronounced part of the air goes through the nose.

⌓ 4.7 Activation: Pronunciation; nasal vowels

Now listen and repeat. Be careful not to pronounce the consonant sound /n/.

un	*on*	*an*	*hein!*
auc*un*	b*on*jour	rom*an*	*in*venter
parf*um*	all*ons*	comm*ent*	cub*ain*

⌓ 4.8 Activation: Pronunciation; final consonants

Listen and repeat. Note that no consonant sound is heard at the end of the following words.

les	nous	allons	français	aller	américain
des	vous	allez	anglais	inventer	italien
très	beaucoup	répétez	je vais	discuter	bien
			mais	policier	

Many French words are spelled with a final consonant that is not pronounced (except in liaison).

4.9 Observation: Decision and indecision

Question: Est-ce que nous allons
           avoir un crime dans
           l'histoire?

Answers: Oui!!
        Peut-être.... Ça dépend....
        Faut voir.

décision		*hésitation, indécision*	
Ah, oui!	Bien sûr!	Peut-être...	Faut voir...
Oh, non!	Absolument!	Ça dépend...	On va voir...

᪥ 4.10 Activation: Aural comprehension; decision / indecision

You will hear a series of dialogues. Listen for the element of decision or indecision (hesitation), and check the appropriate box.

	1	2	3	4	5
décision					
indécision					

4.11 Observation: Gender of nouns

un jeune homme = masculin
une jeune fille   = féminin

Un indicates a masculine.
Une indicates a feminine.
Jeune homme is a masculine noun.
Jeune fille is a feminine noun.

Jeune homme and *jeune fille* are nouns representing persons. These nouns are either masculine or feminine.

masculin	*féminin*
un jeune homme	**une** jeune fille
un étudiant	**une** étudiante
un monsieur	**une** dame
un roman	**une** maison
un film	**une** comédie
un voyage	**une** aventure
un crime	**une** victime

Roman and *maison* are nouns representing things. These nouns are also masculine or feminine. In French, all nouns have a gender: masculine or feminine. The gender is determined by the word, not by the thing to which it refers. For example, *victime* is a feminine word. We say *une victime*, even if the victim is a man. But *professeur* is a masculine word. We say *un professeur* even if the professor is a woman.

4.12 Observation: Agreement in gender

	article	*nom*		*adjectif*
masculin	Le	jeune homme	va être	anglais.
féminin	La	jeune fille	va être	anglaise.
masculin	un	étudiant		brésilien
féminin	une	étudiante		brésilienne

Adjectives and articles accompanying a noun reflect its gender. In spelling, feminine nouns and adjectives usually end with -e.

᪥ 4.13 Activation: Aural comprehension; gender of nouns

You will hear twenty nouns preceded by an article. Indicate whether these nouns are masculine or feminine by checking the appropriate box.

	1	2	3	4	5	6	7	8	9	10	11	12	13	14	15	16	17	18	19	20
masculin																				
féminin																				

⋒ 4.14 Activation: Dictation; articles and gender of nouns

Listen, and write in the article for each noun.

1. <u>la</u> maison

2. <u>un</u> douanier

3. _____ histoire

4. _____ crime

5. _____ jeu

6. _____ aventure

7. _____ éléphant

8. _____ dame

9. _____ aéroport

10. _____ maison

11. _____ chien

12. _____ film

13. _____ cinéma

14. _____ victime

15. _____ police

16. _____ étudiant

17. _____ étudiante

18. _____ voyage

19. _____ roman

20. _____ comédie

4.15 Observation: Elision

consonne pas d'élision	voyelle élision
le **j**eune homme la **j**eune fille	l'**é**tudiant l'**é**tudiante

Before a word starting with a vowel sound (*étudiant, ami, histoire*), the definite articles *le* and *la* are shortened to the consonant sound /l/, spelled *l'*. This phenomenon, called **elision,** is very important in the French pronunciation system. It occurs with a number of words ending in -e (*le, de, je, me, te, se, ce, ne, que*), one word ending in -a (*la*), and the conjunction *si* before *il* and *ils*.

4.16 Activation (written): Elision

Write the definite article (*le, la,* or *l'*) before each noun.

1. _____ ami

2. _____ étudiante

3. _____ jeune homme

4. _____ aéroport

5. _____ faculté

6. _____ jeune fille

7. _____ Américaine

8. _____ histoire

9. _____ bibliothèque

10. _____ anglais

4.17 Observation: Liaison

consonne pas de liaison	voyelle liaison
un **B**résilien les **B**résiliens Comment **v**as-tu?	un **A**méricain les **A**méricains Commen**t** **a**llez-vous?

In the left column, *un, les,* and *comment* are followed by a consonant sound (/b/, /v/). The final sound of these words is a vowel; *-n, -s,* and *-t* represent no sounds. In the right column, the same words are followed by a vowel sound (/a/). A consonant /n/ is pronounced between *un* and *Américain* (un /n/Américain); a consonant /z/ is pronounced between *les* and *Américains* (les /z/Américains); and a consonant /t/ is pronounced between *comment* and *allez* (Comment /t/allez-vous?). This phenomenon is called **liaison.**

⌂ 4.18 Activation (oral): Liaison

Listen and repeat.

pas de liaison (consonne)	*liaison (voyelle)*
1. un Brésilien	2. un /n/Américain
3. un roman	4. un /n/éléphant
5. les romans	6. les /z/histoires
7. les Danois	8. les /z/Anglais
9. Comment vas-tu?	10. Comment /t/allez-vous?

4.19 Observation: Elision and liaison

élision		*liaison*	
l'étudiant	l'éléphant	les /z/étudiants	un /n/éléphant
l'amie	l'aéroport	les /z/amies	un /n/aéroport
l'histoire	l'Américain	les /z/histoires	un /n/Américain

Note that a word that requires elision also requires liaison.

4.20 Observation: Masculine and feminine endings *-ais* / *-aise*, *-ois* / *-oise* (review and extension)

masculin	un jeune homme anglais
féminin	une jeune fille anglaise
masculin	un jeune homme suédois
féminin	une jeune fille suédoise

In sound, the feminine forms *anglaise* and *suédoise* have a final consonant /z/ that the masculine *anglais* and *suédois* do not. (In the masculine, the final *-s* is not pronounced; in the feminine, it represents the sound /z/.) The feminine forms also have a final -e that the masculine forms do not.

4.21 Observation: Masculine and feminine endings *-ain* / *-aine*, *-ien* / *-ienne* (review and extension)

masculin	un jeune homme mexicain
féminin	une jeune fille mexicaine
masculin	un jeune homme brésilien
féminin	une jeune fille brésilienne

In sound, the feminine forms *mexicaine* and *brésilienne* have a consonant /n/ that the masculine forms do not. In addition, the final vowel is different in the masculine and in the feminine: in the masculine the vowel is nasal, in the feminine it is not. In spelling, the feminine forms also have a final -e that the masculine forms do not. Note that the feminine form *brésilienne* is spelled with two *ns*.

ᔪ 4.22 Activation: Aural comprehension; masculine / feminine

You will hear ten sentences. Indicate whether each one is about a young man or a young woman by checking the appropriate box.

	1	2	3	4	5	6	7	8	9	10
une jeune fille										
un jeune homme										

ᔪ 4.23 Activation (oral): *Un / une; -ais / -aise; -ain / -aine; -ois / -oise; -ien / -ienne*

Listen, and respond according to the examples.

Examples:
You hear: 1. Je préfère un Français.
You say: Moi, je préfère une Française.

You hear: 2. Je préfère une Danoise.
You say: Moi, je préfère un Danois.

Continue orally with the recording.

ᔪ 4.24 Activation: Dictation; masculine / feminine

Listen, and write in the missing words or letters.

1. _____ est américain_____.

2. _____ est américain_____.

3. _____ est africain_____.

4. _____ est cubain_____.

5. _____ est mexicain_____.

6. _____ est mexicain_____.

7. _____ est cambodgien_____.

8. _____ est cambodgien_____.

9. _____ est italien_____.

10. _____ est canadien_____.

11. _____ est brésilien_____.

12. _____ est brésilien_____.

4.25 Observation: Agreement in number

	article	nom	verbe		adjectif
singulier	Le	jeune homme	va	être	brésilien.
pluriel	Les	jeunes gens	vont	être	brésiliens.
singulier	La	jeune fille	va	être	brésilienne.
pluriel	Les	jeunes filles	vont	être	brésiliennes.

Number (the difference between plural and singular) is reflected in articles, nouns, adjectives and verbs. If a noun is plural, accompanying articles and adjectives will also be plural. Note that in spelling, a final -s is usually the mark of the plural in nouns, articles, and adjectives.

ᔪ 4.26 Activation: Dictation; singular / plural

Listen, and write in the missing words or letters.

1. _____ jeune_____ fille_____ va être française_____.

2. _____ jeune_____ fille_____ vont être française_____.

3. _____ histoire_____ va être amusante_____.

4. _____ histoire_____ vont être amusante_____.

5. _____ Brésilien_____ va à la Cité.

6. _____ Brésilien_____ vont à la Cité.

7. _____ Américain_____ ne va pas à la Cité.

8. _____ Américain_____ ne vont pas à la Cité.

4.27 Observation: Present indicative of -er verbs

Il va	commenc**er**.	Il va	écout**er**.
Il va	arriv**er**.	Il va	regard**er**.
Il va	étudi**er**.	Il va	continu**er**.
Il va	parl**er**.	Il va	aim**er**.

Note that all these infinitives have the same ending: -er. Many verbs have this ending. The majority of -er verbs have similar conjugations, so that if you know the conjugation of one, you can safely guess the forms of almost all others. Observe:

	infinitif	*présent de l'indicatif*
Je vais	**continu**er.	Je	**continu**e.
Tu vas	**écout**er.	Tu	**écout**es?
Elle va	**étudi**er.	Elle	**étudi**e.
Nous allons	**arriv**er.	Nous	**arriv**ons.
Vous allez	**aim**er.	Vous	**aim**ez ça?
Ils vont	**parl**er.	Ils	**parl**ent.

Note that the stem is the same for the infinitive and the present indicative: *continu-, écout-, étudi-, arriv-, aim-, parl-.*

4.28 Observation: Conjugation of an -er verb in the present indicative

infinitif			**arriver**
présent	*singulier*	*1ère personne*	j' arrive
		2ème personne	tu arrives
de		*3ème personne*	il arrive
	pluriel	*3ème personne*	ils arrivent
l'indicatif		*1ère personne*	nous arrivons
		2ème personne	vous arrivez

Note that the first, second, and third persons singular (*j'arrive, tu arrives, il arrive*) and the third person plural (*ils arrivent*) are identical in pronunciation. Note in particular that the -s of *tu arrives* is not pronounced, nor is the final -nt of *ils arrivent*.

The endings -e, -es, -e, -ent, -ons, and -ez are found in the present indicative of all -er verbs, with the exception of *aller* (see lesson 2).

🎧 4.29 Activation (oral): Present indicative of *parler*

Answer according to the example.

Example:
You hear: 1. Est-ce que vous parlez bien français, vous deux?
You say: Mais oui, nous parlons très bien français.

Continue orally with the recording.

🎧 4.30 Activation (oral): Present indicative of -er verbs

Answer according to the example.

Example:
You hear: 1. Est-ce que tu arrives?
You say: Oui, j'arrive.

Continue orally with the recording.

4.31 Observation: Present indicative of the verb être

	Ils **sont**	américains.
Moi,	je **suis**	brésilien.
	Vous **êtes**	français?
Nous,	nous **sommes**	américains.
	Il **est**	à l'aéroport.

Sont, suis, êtes, sommes, and *est* are forms of the present indicative of the verb *être*.

être			
je	**suis**	tu	**es**
nous	**sommes**	il	**est**
ils	**sont**	vous	**êtes**

ᛘ 4.32 Activation (oral): Present indicative of être

Answer according to the example.

Example:
You hear: 1. Vous êtes français, tous les deux?
You say: Non, nous sommes américains.

Continue orally with the recording.

ᛘ 4.33 Activation (oral): Present indicative of être

Answer according to the examples.

Examples:
You hear: 1. Georges va bien?
You say: Non, il est malade.

You hear: 2. Tu vas bien?
You say: Non, je suis malade.

Continue orally with the recording.

4.34 Activation (written): Present indicative of être

Complete the following sentences.

1. Bien sûr que je parle anglais, puisque je _____ américain!

2. Je sais bien que tu parles français, puisque tu _____ français!

3. Bien sûr que le jeune homme parle portugais, puisqu'il _____ brésilien!

4. Bien sûr que les jeunes gens parlent italien, puisqu'ils _____ italiens!

5. Bien sûr que nous parlons espagnol, puisque nous _____ mexicains!

6. Je sais bien que vous parlez japonais, puisque vous _____ japonais!

4.35 Activation (written): Masculine / feminine; singular / plural; être

Complete the following sentences.

1. Paulo est brésilien. Maria est _____.
   Paulo et Maria _____ _____.

2. Monica est italienne. Benito _____. Benito et Monica _____ _____.

3. Les amis de William _____ français.
   _____ amie de Bob est aussi _____.

4. Moi, je _____ américaine.

5. Et vous, vous _____ français?

   Non, nous _____ canadiens.

6. La jeune fille est portugaise. _____ jeune homme est _____.

7. C'est _____ homme charmant!
   C'est _____ fille _____!

8. Elle est marseillaise. Lui aussi, il est _____.

9. Il est alsacien. Elle est _____.

♫ 4.36 Activation (oral): Dialogue between Robert and Mireille

You will hear a dialogue between Robert and Mireille. Listen carefully and learn Mireille's lines.

ROBERT: Vous aimez les romans?
MIREILLE: **Oui ... enfin .... Ça dépend ....**
ROBERT: Vous aimez les romans d'amour?

MIREILLE: **Ah, non! Je n'aime pas les romans d'amour! Je déteste ça!**

Toward free expression

4.37 Words at large

Give as many answers as you can to the question: Qu'est-ce qu'on peut être?

Examples:
On peut être français(e), américain(e), espagnol(e) ...

On peut être malade, pressé(e) ...
On peut être douanier, professeur ...

4.38 Role-playing and reinvention of the story

1. Imagine that you are the customs officer at the airport. You see a British couple, or two young Norwegian women.... What do you say?

2. Imagine that you are the young Brazilian man at the airport. You see Robert and a young woman. What might you say?

3. Imagine a new version of lesson 4. You may recombine elements from lessons 2, 3, and 4; for example:

Voyons, nous allons apprendre
le français.
le japonais.
l'anglais.
le chinois.
l'italien.
le cambodgien.
l'espagnol.
le danois.
l'arabe.

Ça va être
un roman
un film
une comédie
une tragédie
danois(e).
suédois(e).
italien(ne).
anglais(e).
japonais(e).
américain(e).
français(e).
espagnol(e).
amusant(e).

Pour apprendre
l'arabe,
le chinois,
l'anglais,
nous allons inventer une histoire.

Ça va être
un roman.
un roman d'amour.
un roman policier.
un roman d'aventure.
un roman d'anticipation.
un roman fantastique.
une comédie.
une comédie musicale.
une tragédie.
un drame.
un film.
un film d'aventure.
un film policier.
un film de science-fiction.

Ça va être l'histoire
un
une
deux
trois
quatre
cinq
six
de
d'
jeune homme.
jeune fille.
monsieur.
dame.
douanier.
professeur.
étudiant.
jeunes gens.
jeunes filles.
messieurs.
dames.
douaniers.
professeurs.
étudiantes.

Ils vont être
- anglais.
- danois.
- norvégiens.
- japonais.
- suédois.
- américains.
- français.
- chinois.

Ils vont avoir des amis
- espagnols.
- arabes.
- italiens.
- brésiliens.
- cambodgiens.
- vietnamiens.
- cubains.
- canadiens.
- martiens.
- étudiants.
- douaniers.
- professeurs.

Ils vont parler
- anglais.
- danois.
- norvégien.
- japonais.
- suédois.
- français.
- chinois.
- espagnol.
- arabe.
- italien.
- brésilien.
- cambodgien.
- vietnamien.
- japonais.
- martien.

Ils vont arriver
- à Paris.
- à l'aéroport.
- au Quartier Latin.
- à la Cité Universitaire.
- à la maison
  - brésilienne.
  - américaine.
  - cubaine.

Ils vont avoir un passeport
- français.
- américain.
- italien.

Ils vont prendre
- le bus
- le train
- un taxi

pour aller
- à Paris.
- à la Cité.
- à l'aéroport.
- au Quartier Latin.
- à la fac.
- au restau-U.
- à la bibli.

Dans l'histoire, nous allons avoir
- un Canadien.
- un Chinois.
- une Suédoise.
- un douanier espagnol.
- un professeur arabe.
- un chien
  - mexicain.
  - chinois.
  - japonais.
- un crime.
- des aventures.
- des voyages.

Imagine a conversation between you and a friend, or between you and Fido.

♋ 4.39 Role-playing and reinvention of the story

Listen to the example on the recording.

Self-testing exercices

∩ 4.40 Self-testing exercise: Gender of nouns; il / elle, un / une, masculine / feminine adjectives

You will hear ten sentences. Decide whether each sentence contains a masculine or a feminine noun, and check the appropriate box.

	1	2	3	4	5	6	7	8	9	10
masculin										
féminin										

Check your answers. If you have made any errors, work with sections 4.20 through 4.24 in your workbook.

4.41 Self-testing exercise: Present indicative of être

Answer according to the example.

Example:
You see: 1. Nous parlons français!
You write: Evidemment, vous <u>êtes</u> français!

1. Nous parlons français!

   Evidemment, vous _____ français!

2. Mireille parle français?

   Evidemment, elle _____ française!

3. Colette et Véronique parlent français?

   Evidemment, elles _____ françaises!

4. Tu parles français?

   Evidemment, je _____ française!

5. Vous parlez français, vous deux?

   Evidemment, nous _____ français!

6. Je parle français!

   Evidemment, tu _____ française!

Check your answers. If you have made any errors, work with sections 4.31 through 4.34 in your workbook.

Leçon 5

⌒ 5.1 Mise en oeuvre

Ecoutez le texte et la mise en oeuvre dans l'enregistrement sonore. Répétez et répondez suivant les indications.

⌒ 5.2 Compréhension auditive

Phase 1: Regardez les images et répétez les phrases que vous entendez.

1.   A

2.   —

3.   —

4.   —

5.   —

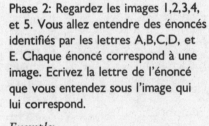

Phase 2: Regardez les images 1,2,3,4, et 5. Vous allez entendre des énoncés identifiés par les lettres A,B,C,D, et E. Chaque énoncé correspond à une image. Ecrivez la lettre de l'énoncé que vous entendez sous l'image qui lui correspond.

Exemple:
Vous entendez: A. La jeune fille va avoir une famille.
Vous écrivez *A* sous l'image 1.

⌒ 5.3 Compréhension auditive et production orale

Ecoutez les dialogues suivants. Après chaque dialogue vous allez entendre une question. Répondez à la question.

Exemple: 1. Qu'est-ce qu'il faut donner aux jeunes gens?
Vous entendez: Il faut donner un prénom aux jeunes gens.
Et puis vous entendez la question: Qu'est-ce qu'il faut donner aux jeunes gens?
Et vous répondez: Il faut donner un prénom aux jeunes gens.

Exemple: 2. Pourquoi est-ce qu'il faut donner un prénom aux jeunes gens?
Vous entendez: Parce que tout le monde a un prénom!

Et puis vous entendez la question: Pourquoi est-ce qu'il faut donner un prénom aux jeunes gens?
Et vous répondez: Parce que tout le monde a un prénom!

3. Est-ce que la famille de Mireille est riche ou pauvre?
4. Où est-ce que le père de Mireille travaille?
5. Et sa mère, où travaille-t-elle?
6. Est-ce que Robert a des frères ou des soeurs?
7. Est-ce que les parents de Robert sont mariés?

Préparation à la communication

∩ 5.4 Observation: Prononciation; le son /r/

Pour prononcer un /r/, la pointe de la
langue presse contre les dents
inférieures. Le dos de la langue est
courbé vers le haut et ferme presque
complètement le passage de l'air dans
la gorge.

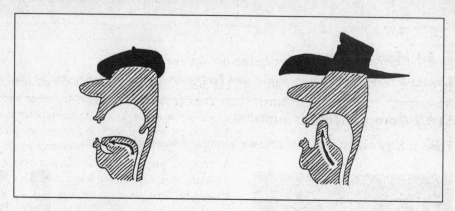

∩ 5.5 Activation: Prononciation; le son /r/

Ecoutez et répétez.

avoir	père	nombre	travailler	marié	argent
au revoir	mère	être	prénom	Mireille	Georgette
soeur	frère	pauvre	Robert	raconter	

5.6 Observation: Numération de 1 à 29; nombres cardinaux

1. un	11. onze	21. vingt et un
2. deux	12. douze	22. vingt-deux
3. trois	13. treize	23. vingt-trois
4. quatre	14. quatorze	24. vingt-quatre
5. cinq	15. quinze	25. vingt-cinq
6. six	16. seize	26. vingt-six
7. sept———	17. dix-sept	27. vingt-sept
8. huit———	18. dix-huit	28. vingt-huit
9. neuf———	19. dix-neuf	29. vingt-neuf
10. dix	20. vingt	

5.7 Observation: Numération de 1 à 29; nombres ordinaux

Leçon 1:   La première   leçon
Leçon 2:   La deuxième   leçon
Leçon 3:   La troisième   leçon
Leçon 4:   La quatrième   leçon
Leçon 5:   La cinquième   leçon
Leçon 6:   La sixième   leçon
Leçon 7:   La septième   leçon
Leçon 8:   La huitième   leçon
Leçon 9:   La neuvième   leçon
Leçon 10:   La dixième   leçon
Leçon 11:   La onzième   leçon
etc.

Leçon 21: La vingt-et-unième leçon
Leçon 22: La vingt-deuxième leçon
Leçon 23: La vingt-troisième leçon
etc.

Notez:

quatre	neuf
quatrième	neuvième
cinq	onze
cinquième	onzième

masculin	féminin
1er premier	1ère première
2ème deuxième	2ème deuxième
3ème troisième	3ème troisième
etc.	etc.

Notez que *première*, *deuxième*, etc.
fonctionnent comme des adjectifs.

ᛞ 5.8 Activation: Discrimination auditive; numération de 1 à 29

Ecrivez les nombres que vous entendez.

A	B	C	D	E	F	G	H	I	J	K	L	M	N	O	P	Q	R	S	T	U

ᛞ 5.9 Observation: Prononciation de *six* et *dix*

Ils sont six.

Six enfants?

Oui, six garçons.

Ils sont dix.

Dix enfants?

Oui, dix filles.

Les mots *six* et *dix* ont trois prononciations différentes:

1. Dans *ils sont six* et *ils sont dix*, *six* et *dix* sont en fin de groupe rythmique. Il y a une consonne /s/ à la fin du mot *six* et du mot *dix*.
2. Dans *six enfants* et *dix enfants*, *six* et *dix* sont suivis d'une voyelle. Il y a liaison. On prononce *six* /z/enfants et *dix* /z/enfants.
3. Dans *six garçons* et *dix filles*, les mots *six* et *dix* sont suivis d'une consonne; la lettre *x* ne représente aucun son. *Six* et *dix* se terminent par un son de voyelle. Exception: *dix*-/z/ *neuf*.

ᛞ 5.10 Observation: Prononciation de *cinq, huit, sept, vingt, neuf*

Ils ont cinq enfants.

Cinq?

Oui, cinq filles.

Ils ont huit enfants.

Huit?

Oui, huit garçons.

Les mots *cinq* et *huit* ont deux prononciations différentes.

La consonne finale est prononcée en fin d'énoncé, et devant une voyelle:

Cinq!   Cinq enfants.

Huit!   Huit enfants.

La consonne finale n'est pas prononcée devant une consonne:

Huit filles.   Cinq garçons.

Le *t* de *sept* est toujours prononcé. Le *t* de *vingt* est prononcé devant une voyelle. Le *f* de *neuf* est prononcé /f/ en fin d'énoncé et devant une consonne. Il est prononcé /v/ devant une voyelle.

ᛞ 5.11 Activation: Prononciation des nombres

Ecoutez, observez, et répétez:

Il a un	frère.	Il a un	/n/ami.	Il a quatre	frères.	Il a quatre		ans.
Il a cinq	frères.	Il a cinq	/k/amis.	Il a huit	frères.	Il a huit		/t/ans.
Il a deux	frères.	Il a deux	/z/amis.	Il a neuf	cousins.	Il a neuf		/v/ans.
Il a six	frères.	Il a six	/z/ans.	Il a dix-/z/huit	soeurs.	Il a dix-/z/huit		/t/ans.
Il a trois	frères.	Il a trois	/z/ans.	Il a dix-/z/neuf	cousins.	Il a dix-/z/neuf		/v/ans.
Il a sept	frères.	Il a sept	/t/ans.	Il a vingt	cousins.	Il a vingt		/t/ans.

5.12 Observation: Présent indicatif du verbe *avoir*

avoir		
J'	**ai**	un prénom.
Tu	**as**	des amis.
Mireille	**a**	deux soeurs.
Ils	**ont**	une fille.
Nous	**avons**	le temps.
Vous	**avez**	des enfants?

Ces phrases représentent toutes les formes du présent de l'indicatif du verbe *avoir*. Notez que la terminaison de l'infinitif est *-oir* et le radical est *av-*. Le radical *av-* est représenté à la 1ère et à la 2ème personne du pluriel (*avons, avez*) mais pas dans les autres formes.

◠ 5.13 Activation orale: Verbe *avoir*

Répondez selon l'exemple.

Exemple:
Vous entendez: 1. Est-ce que j'ai un prénom français?
Vous répondez: Oui, vous avez un prénom français.

Continuez oralement avec l'enregistrement.

5.14 Observation: Questions d'âge

avoir		
Quel âge	**a**	Cécile?
Oh, elle	**a**	vingt et un ou vingt-deux ans.
(Elle	**a**	aussi deux soeurs, une mère, un prénom, etc.)

être		avoir		
Mireille	**est**	jeune.	Elle	**a**	18 ans.
Cécile	**est**	plus âgée.	Elle	**a**	21 ou 22 ans.

Notez que l'âge est indiqué par le verbe *avoir* + le nombre d'années:

J'ai **vingt ans.**
Elle a **dix-huit ans.**

◠ 5.15 Activation orale et écrite: Questions d'âge

Ecoutez les questions, répondez oralement, et complétez les phrases écrites selon l'exemple.

Exemple:
Vous entendez: 1. Quel âge avez-vous, vous deux?
Vous répondez: Nous <u>avons</u> 19 ans.
Vous écrivez: <u>avons</u>

2. Moi, j'_____ 19 ans.
3. Elle _____ 11 ans.
4. Il _____ 16 ans.

5. Ils _____ 26 ans.
6. Elles _____ 14 ans.
7. Vous _____ 20 ans.

◠ 5.16 Activation orale: Verbe *avoir*, présent

Ecoutez et répétez oralement suivant les indications entre parenthèses.

Exemple:
Vous entendez: 1. Vous êtes fils unique?
Vous voyez: (Non,... 23 frères!)
Vous répondez: Non, j'ai 23 frères!

2. (Tout le monde...)
3. (Non,... 2 soeurs.)
4. (Non,... 11 ans.)

5. (Oui,... beaucoup d'argent.)
6. (Non,... pas le temps.)

◠ 5.17 Activation orale: Nombres

Dites les nombres que vous voyez. Vérifiez avec l'enregistrement.

Exemple:
Vous voyez: Elle a 2 soeurs.
Vous dites: Elle a deux soeurs.
Et vous vérifiez en écoutant l'enregistrement.

a. Elle a 2 soeurs.
b. Elle a 12 soeurs!
c. Elle a 3 soeurs.
d. Elle a 13 soeurs!

e. Elle a 6 enfants.
f. Elle a 6 frères.
g. Ils sont 6.
h. Ils sont 10.
i. Ils sont 5.
j. Ils sont 15.
k. Elle a 18 ans.
l. Elle a 7 ans.
m. Elle a 27 ans.
n. Elle a 21 ans.

o. Elle a 23 ans.
p. Elle a 5 ans.
q. Elle a 5 frères.
r. Elle a 19 ans.
s. Elle a 4 ans.
t. Elle a 14 ans.

5.18 Observation: L'impératif

Ecoutez!	Voyons!
Répondez!	Continuons!
Répétez!	Allez-y!

Ces expressions sont des ordres, des impératifs. L'impératif est la forme du verbe utilisée pour donner un ordre. L'infinitif, l'indicatif, et l'impératif sont des modes différents du verbe. Ces modes correspondent à des fonctions différentes du verbe.

5.19 Observation: L'impératif des verbes en -er

	indicatif présent	impératif
2ème pers. sing.	Tu écoutes? Tu vas à Paris?	Ecoute! Va à Paris!
1ère pers. plur.	Nous écoutons. Nous allons à Paris.	Ecoutons! Allons à Paris!
2ème pers. plur.	Vous écoutez? Vous allez à Paris?	Ecoutez! Allez à Paris!

Notez qu'il y a trois personnes à l'impératif: une 2ème personne du singulier, une 1ère personne du pluriel, et une 2ème personne du pluriel.

Pour la plupart des verbes, les formes de l'impératif sont identiques aux formes correspondantes du présent de l'indicatif. Pour les verbes avec un infinitif en -er, il y a une seule petite différence au point de vue de l'orthographe: il n'y a pas de -s final à la 2ème personne du singulier:

indicatif: Tu écoutes?
impératif: Ecoute!

◊◊ 5.20 Activation orale: L'impératif, 2ème personne du singulier

Ecoutez et répondez selon l'exemple.

Exemple:
Vous entendez: 1. Toi, tu vas inventer une histoire.
Vous dites: Invente une histoire!

Continuez oralement avec l'enregistrement.

◊◊ 5.21 Activation orale: L'impératif, 1ère personne du pluriel

Ecoutez et répondez selon l'exemple.

Exemple:
Vous entendez: 1. Nous allons inventer une histoire.
Vous dites: Inventons une histoire!

Continuez oralement avec l'enregistrement.

◊◊ 5.22 Activation orale: L'impératif, 2ème personne du pluriel

Ecoutez et répondez selon l'exemple.

Exemple:
Vous entendez: 1. Vous pouvez passer.
Vous dites: Passez si vous voulez!

2. Vous pouvez parler anglais.
3. Vous pouvez aller au cinéma.
4. Vous pouvez commencer.
5. Vous pouvez écouter l'enregistrement.

5.23 Observation: Nécessité; *il faut* + infinitif

il faut	*infinitif*	
Il faut	donner	un prénom aux jeunes gens.
Il faut	écouter!	
Il faut	voir.	
Il faut	savoir	le français.
Il faut	avoir	le temps.
Il faut	être	poli!
Il faut	comprendre!	
Il faut	choisir.	

Notez que dans tous ces exemples, *il faut* est suivi de l'infinitif. *Il faut* ne change pas. Dans *il faut*, il est un pronom impersonnel, indéfini. Il ne représente pas une personne ou une chose précise. *Il faut* + l'infinitif exprime une idée de nécessité ou d'obligation.

☊ 5.24 Activation orale: L'impératif (révision)

Répondez selon l'exemple.

Exemple:
Vous entendez: 1. Il faut commencer.
Vous répondez: Eh bien, commençons!

Continuez oralement avec l'enregistrement.

☊ 5.25 Activation orale: *Il faut* + infinitif

Répondez selon l'exemple.

Exemple:
Vous entendez: 1. Continuons.
Vous répondez: Eh bien, continuons, puisqu'il faut continuer.

Continuez oralement avec l'enregistrement.

5.26 Observation: Négation; *ne... pas*

	ne	*verbe*	pas
Ça	**ne**	va	**pas.**
Nous	**n'**	avons	**pas...**

Normalement, la négation est représentée par deux mots négatifs: *ne* devant le verbe et *pas* après le verbe. *Ne* s'écrit *n'* devant un son de voyelle. C'est un cas d'élision. Dans la langue courante le *ne* est souvent supprimé. On entend très souvent:

Ça va pas!
C'est pas facile.
Il a pas de frères.

☊ 5.27 Activation: Discrimination auditive; *ne... pas*

Vous allez entendre une série de phrases. Indiquez si elles sont affirmatives (oui) ou négatives (non) en cochant la case appropriée. Faites attention aux mots *ne... pas*.

	1	2	3	4	5	6	7	8	9	10	11	12	13	14	15	16	17
oui																	
non																	

⌕ 5.28 Activation orale: Négation; *ne . . . pas*

Répondez selon l'exemple.

Exemple:
Vous entendez: 1. Ça va?
Vous répondez: Non, ça ne va pas.

Continuez oralement avec l'enregistrement.

5.29 Observation: *Un, des, et négation*

question	affirmation	négation
Vous avez **un** frère? Vous avez **une** soeur? Vous avez **des** soeurs?	Oui, j'ai **un** frère. Oui, j'ai **une** soeur. Oui, j'ai **des** soeurs.	Non, je n'ai **pas de** frère. Non, je n'ai **pas de** soeur. Non, je n'ai **pas de** soeurs.

Notez que dans les expressions négatives, on ne dit pas *un, une,* ou *des*, mais *pas de*.

positif	négatif
un frère	**pas de** frère
une soeur	**pas de** soeur
un enfant	**pas d'** enfant
des enfants	**pas d'** enfants

Notez que devant un son de voyelle *de* s'écrit *d'*. C'est un cas d'élision.

⌕ 5.30 Activation orale: *Un, des, et négation*

Répondez selon l'exemple.

Exemple:
Vous entendez: 1. Vous avez des enfants?
Vous répondez: Non, je n'ai pas d'enfants.

Continuez oralement avec l'enregistrement.

⌕ 5.31 Activation orale: Dialogue entre Mireille et Jean-Michel

Vous allez entendre un dialogue entre Mireille et Jean-Michel. Ecoutez bien. Vous allez apprendre les répliques de Jean-Michel.

MIREILLE: Alors, nous allons inventer une histoire. Ça va être l'histoire de deux jeunes gens, un jeune homme et une jeune fille. Et le prénom de la jeune fille va être . . .

JEAN-MICHEL: **Mireille! Le prénom de la jeune fille va être Mireille!**
MIREILLE: Pourquoi?
JEAN-MICHEL: **Parce que c'est un joli prénom.**

Libération de l'expression

5.32 Mots en liberté

Qu'est-ce qu'une famille peut être?
   Elle peut être grande, petite, française, japonaise, etc.

Donnez le plus de réponses possibles.

Qu'est-ce qu'une jeune fille peut avoir?
   Elle peut avoir des parents divorcés, un frère célibataire, six tantes, des complexes, un chien italien, un prénom espagnol, etc.

Donnez le plus de réponses possibles.

5.33 Mise en scène et réinvention de l'histoire

A. Imaginez que vous êtes un jeune homme français. Qu'est-ce que vous préférez comme prénom?

Jean, Jean-Claude, Jean-François, Jean-Marc, Jean-Paul (pour les philosophes), Jean-Marie (oui!), Christophe, Michel, Charles, Barthélémy, François, Pierre, Isidore, Louis, Paul, Eugène, Pierre-Charles-Marie-Victor (mais ça fait un peu 19ème siècle), Robert...

B. Imaginez que vous êtes une jeune fille française. Qu'est-ce que vous préférez comme prénom?

Marie, Marie-Claire, Marie-France, Marie-Hélène, Marianne, Marie-Laure, Michèle, Béatrice, Cécile, Martine, Caroline (du Nord ou du Sud?), Adrienne, Jeanne, Paule, Jacqueline, Simone, Mireille...

C. Quels sont les prénoms qui sont à la fois français et américains? Quels sont les prénoms faciles à prononcer? Jolis?

D. Imaginez un dialogue entre vous et X. Par exemple:

VOUS:
C'est quoi, votre prénom?

X:
| Patricia.
| Elizabeth.
| Louis.
| Charles.
| Fido.

VOUS:

C'est très | joli.
                | facile à prononcer.
Ce n'est pas très | difficile à prononcer.
                | français.
                | américain.
                | japonais.

X:

C'est | américain.
      | anglais.
      | espagnol.
      | chinois.
      | mexicain.

VOUS:

C'est aussi un prénom | américain.
                      | français.
                      | italien.
                      | anglais.
                      | danois.

X:

C'est | un prénom à la fois français, anglais, et
      | américain.
      | un nom de chien.

VOUS:
Est-ce que vous travaillez?

X:
| Oui.
| Non.
| Oui et non.

VOUS:
| Moi, je suis malade.
| Moi, je travaille.
| Moi, je ne travaille pas.

      | deux chiens | | de frères.
J'ai | quatre enfants | et je n'ai pas | d'argent.
      | six filles | | de père.

Et vous, vous êtes riche?

X:
Non, je ne suis pas riche.

                                          | un chien.
On peut dire que je suis riche; je suis | professeur.
                                          | prince.

Oui, je suis riche.

VOUS:

          | un chien | chinoise?
Vous êtes | une princesse | danois?
          | un prince | russe?

X:

        | un prince ar.glais.
Je suis | une princesse italienne.
        | un chien danois.

VOUS:
Ah!

ෆ 5.34 Mise en scène et réinvention de l'histoire

Ecoutez un exemple de dialogue dans l'enregistrement sonore.

Exercices-tests

ෆ 5.35 Exercice-test: Numération

Complétez. Ecrivez en chiffres (1, 2, 3 . . .).

Monsieur et Madame Lemercier ont _____ enfants. Michèle a _____ ans, Pierre a _____ ans, Sylvie a _____ ans, Marie-Odile a _____ ans, et Jean-Claude a _____ ans. Ils habitent _____, Boulevard Murat, Paris, _____ème.

Vérifiez. Si vous avez fait des fautes, travaillez les sections 5.6 à 5.11 dans votre cahier d'exercices.

5.36 Exercice-test: Verbe *avoir*

Complétez avec des formes du verbe *avoir*.

1. Tu es fils unique?

   Non, j'_____ une soeur.

2. Vous êtes filles uniques, vous deux?

   Non, nous _____ des frères et des soeurs.

3. Mireille est fille unique?

   Non, elle _____ deux soeurs.

4. Ils sont fils uniques?

   Non, ils _____ des frères et des soeurs.

5. Vous n'êtes pas fils uniques, puisque vous _____ des soeurs!

Vérifiez. Si vous avez fait des fautes, travaillez les sections 5.12, 5.13, et 5.16 dans votre cahier d'exercices.

5.37 Exercice-test: Impératifs

Répondez selon l'exemple.

Exemple:
Vous voyez: Vous pouvez passer.
Vous écrivez: Passez!

1. Nous pouvons passer. _____!

2. Tu peux passer. _____!

3. Tu peux aller au cinéma. _____ au cinéma!

4. Vous pouvez continuer. _____!

5. Tu peux continuer. _____!

Vérifiez. Si vous avez fait des fautes, travaillez les sections 5.19 à 5.22 dans votre cahier d'exercices.

5.38 Exercice-test: Négation

Répondez négativement aux questions suivantes.

1. Vous allez à la fac?

   Non, nous _____.

2. Hubert va bien?

   Non, il _____.

3. Robert a des frères?

   Non, il _____ frères.

4. Est-ce que Cécile a des enfants?

   Non, elle _____ enfants.

5. Est-ce que Mireille a un frère?

   Non, elle _____ frère.

Vérifiez. Si vous avez fait des fautes, travaillez les sections 5.26 à 5.30 dans votre cahier d'exercices.

Leçon 6

Assimilation du texte

⌒ 6.1 Mise en oeuvre

Ecoutez le texte et la mise en oeuvre dans l'enregistrement sonore. Répétez et répondez suivant les indications.

⌒ 6.2 Compréhension auditive

Nous allons faire le portrait physique de Mireille. Vous allez entendre des paires de phrases. Dans chaque paire, vous allez répéter la phrase qui correspond au portrait de Mireille. Regardez la photo de Mireille pour vous aider.

Exemple:
Vous entendez:
  1. Elle est plutôt petite?
     Elle est plutôt grande?
Vous dites:
     Elle est plutôt petite.

Continuez oralement avec l'enregistrement.

⌒ 6.3 Production orale

Imaginez que Mireille a une cousine qui, physiquement, est très différente d'elle. Le portrait physique de cette cousine est exactement l'opposé, le contraire, du portrait de Mireille. Dans l'enregistrement, on va faire le portrait de la cousine de Mireille, phrase par phrase. Après chaque phrase que vous entendez, vous allez dire une phrase contraire qui correspond au portrait de Mireille.

Exemples:
Vous entendez: 1. Sa cousine est plutôt grande.
Vous dites le contraire: Mireille est plutôt petite.

Vous entendez: 2. Sa cousine a l'air robuste.
Vous dites: Mireille a l'air fragile.

Continuez oralement avec l'enregistrement.

Préparation à la communication

⌒ 6.4 Observation: Prononciation; la voyelle /y/

Ecoutez.

Sal*u*t!
Comment vas-t*u*?
T*u* vas bien?

Bien s*û*r!
Excuse-moi!

le b*u*s
C'est am*u*sant!

Notez que, pour prononcer la voyelle /y/, le bout de la langue est contre les dents inférieures, les lèvres sont avancées et arrondies.

⌒ 6.5 Activation orale: Prononciation; la voyelle /y/

Ecoutez et répétez.

Salut!
Tu vas bien?

Excuse-moi!
Bien sûr!

6.6 Observation: L'être et l'apparence; *avoir l'air* / *être*

	avoir	l'air *adjectif*				être	*adjectif*
Il	**a**	**l'air** gentil	...	mais il	n'**est**	pas	gentil.
Elle	**a**	**l'air** gentil	...	mais elle	n'**est**	pas	gentille.
Il	**a**	**l'air** sportif	...	et il	**est**		sportif.
Elle	**a**	**l'air** sportif	...	et elle	**est**		sportive.
Ils	**ont**	**l'air** sportif	...	et ils	**sont**		sportifs.

Notez que l'expression *avoir l'air*, qui indique une apparence, est en général suivie d'un adjectif qui est à la forme du masculin singulier: il n'y a pas d'accord avec le sujet. (L'adjectif modifie *air*, qui est un nom masculin singulier.)

Cependant on trouve quelquefois: *elle a l'air gentille*, avec accord de l'adjectif et du sujet (comme dans *elle est gentille*).

6.7 Activation orale: *Avoir l'air* / *être*

Répondez selon les exemples.

Exemples:
Vous entendez: 1. Mireille a l'air gentil.
Vous répondez: Oui, elle est très gentille.

Vous entendez: 2. Vous avez l'air fatigué.
Vous répondez: Oui, je suis très fatigué(e).

Continuez oralement avec l'enregistrement.

6.8 Activation orale: *Avoir l'air* / *être* et négation

Répondez selon les exemples.

Exemples:
Vous entendez: 1. Mireille a l'air gentil.
Vous répondez: Peut-être, mais elle n'est pas gentille du tout!

Vous entendez: 2. Vous avez l'air fatigué.
Vous répondez: Peut-être, mais je ne suis pas fatigué(e) du tout.

Continuez oralement avec l'enregistrement.

6.9 Observation: Formes masculines et féminines -*t*/-*te*; -*d*/-*de*; -*s*/-*sse*; -*x*/-*sse*; -*g*/-*gue*; -*f*/-*ve*; -*n*/-*ne*

	adjectif		*adjectif*
Elle est un peu	for**te.**	Elle est assez	gran**de.**
Elle a le cou un peu	for**t.**	Il n'est pas très	gran**d.**
Il a la taille	épai**sse.**	Elle est très	vi**ve.**
Il a les doigts	épai**s.**	Elle a l'esprit	vi**f.**
Elle a les doigts et les jambes	lon**gs** lon**gues.**	Elle a les doigts et les jambes	fin**s** fin**es.**

masculin	féminin
fort	for**te**
court	cour**te**
vert	ver**te**
petit	peti**te**
grand	gran**de**
blond	blon**de**
rond	ron**de**
épais	épai**sse**
roux	rou**sse**
long	lon**gue**
vif	vi**ve**
sportif	sporti**ve**
fin	fi**ne**

Notez que, au point de vue du son, il y a à la forme féminine une consonne qui est absente à la forme masculine. La consonne finale qui est prononcée à la forme féminine est représentée dans l'orthographe de la forme masculine, mais elle n'est pas prononcée. Au point de vue de l'orthographe, il y a un -e à la fin des formes féminines.

◌ 6.10 Activation: Discrimination auditive; masculin / féminin

Vous allez entendre une série de phrases. Dans chaque phrase, déterminez s'il s'agit d'un masculin ou d'un féminin. Cochez la case appropriée.

	1	2	3	4	5	6	7	8	9	10
masculin										
féminin										

◌ 6.11 Activation: Discrimination auditive; masculin / féminin

Maintenant, vous allez entendre une série de phrases qui se rapportent au portrait de Mireille. Dans chaque phrase déterminez si l'élément en question (cheveux, doigts, etc.) est masculin ou féminin en cochant la case appropriée. Faites attention aux adjectifs.

	1	2	3	4	5	6	7	8
masculin								
féminin								

6.12 Observation: Formes masculines et féminines identiques

féminin	*masculin*
Elle est solide.	Il est solide.
Elle est rapide.	Il est rapide.
Elle est malade.	Il est malade.
Elle est fragile.	Il est fragile.
Elle est raisonnable.	Il est raisonnable.
Elle est mince.	Il est mince.
Elle est sympathique.	Il est sympathique.

Notez que ces formes féminines et masculines sont identiques, au point de vue de la prononciation et de l'orthographe.

◌ 6.13 Activation orale: Masculin / féminin

Transformez les phrases que vous allez entendre en passant du masculin au féminin ou du féminin au masculin, selon le cas.

Exemples:
Vous entendez: 1. Il est un peu fort.
Vous répondez: Elle est un peu forte.
Vous entendez: 2. Elle est malade.
Vous répondez: Il est malade.

Continuez oralement avec l'enregistrement.

6.14 Observation: Description de la personne; *avoir* + partie du corps + adjectif

avoir	*nom*	*adjectif*	**être** *adjectif*	
Elle **a**	les cheveux	blonds.	Elle **est**	blonde.
Elle **a**	les cheveux	roux.	Elle **est**	rousse.
Elle **a**	la taille	mince.	Elle **est**	mince.
Elle **a**	les jambes	longues.	Elle **est**	grande.
Elle **a**	l' esprit	vif.	Elle **est**	vive.

Notez l'article défini (*le, la, l', les*) devant le nom qui représente la partie du corps (cheveux, taille...).

6.15 Observation: Exceptions à la règle d'accord

	adjectif
Elle a les cheveux	**blonds.**
Elle est	**blonde.**
Elle a les doigts	**fins.**
Elle a les jambes	**fines.**
Elle a les cheveux	**châtain.**
Elle a les yeux	**marron.**

Notez que les adjectifs (*blond, fin,* etc.) s'accordent en genre et en nombre avec le nom qu'ils modifient. Mais *châtain* et *marron* ne s'accordent pas. Ils sont invariables.

6.16 Activation écrite: Adjectifs

Complétez.

1. Mireille n'a pas les cheveux courts. Elle a les

   cheveux _____.

2. Mais non, elle n'est pas brune. Elle est

   _____.

3. Elle a les jambes longues et fines et les doigts

   _____ et _____.

4. Elle a les doigts fins et la taille _____.

5. Le père de Mireille est assez grand. Mais Mireille,

   elle, n'est pas très _____. Elle est plutôt

   _____.

6. Est-ce que le jeune homme américain va avoir les

   doigts longs et fins ou, au contraire, est-ce qu'il va

   avoir les doigts _____ et _____?

7. Est-ce qu'il va avoir la taille fine ou, au contraire,

   est-ce qu'il va avoir la taille _____?

8. Mireille est très sportive. Le jeune Américain va être

   très _____ aussi.

9. Mireille est vive. Elle a l'esprit _____.

10. Le jeune homme aussi va être _____. Il va

    avoir l'esprit _____.

6.17 Observation: *Aimer le sport / faire du sport*

	aimer + *sport*	**faire** + *sport*
masculin	Elle **aime le** ski. Elle **aime l'** aviron.	Elle **fait du** ski. Elle **fait de l'** aviron.
féminin	Elle **aime la** voile. Elle **aime l'** escalade.	Elle **fait de la** voile. Elle **fait de l'** escalade.

Notez que, après un verbe comme *aimer* (*adorer, détester*...), le nom du sport est précédé de l'article défini (*le, la, l'*).
Après le verbe *faire,* le nom du sport est précédé de *du, de l',* ou *de la.*

6.18 Observation: *Du, de la, de l' / pas de, pas d'*

	positif	négatif
masculin	Elle fait **du** ski. Elle fait **de l'** aviron.	Elle ne fait **pas de** ski. Elle ne fait **pas d'** aviron.
féminin	Elle fait **de la** voile. Elle fait **de l'** escalade.	Elle ne fait **pas de** voile. Elle ne fait **pas d'** escalade.

Du, de l', et *de la* correspondent à des expressions positives. Dans des expressions négatives on trouve simplement *de* ou *d'*.

6.19 Observation: Présent de l'indicatif du verbe *faire*

infinitif
Il faut **faire** du sport.

présent de l'indicatif		
Je	**fais**	du sport.
Tu	**fais**	de la natation.
Elle	**fait**	du ski.
Ils	**font**	de la voile.
Nous	**faisons**	de l' alpinisme.
Vous	**faites**	du deltaplane?

Notez que, du point de vue du son, les trois personnes du singulier sont identiques. Notez que *-ai-* dans *nous faisons* est prononcé comme *-e* dans *le* ou *de*.

⏵ 6.20 Activation orale: *Faire du sport*

Répondez selon les exemples.

Exemples:
Vous entendez: 1. J'aime le ski.
Vous dites: Je fais du ski.

Vous entendez: 2. Les soeurs de
  Mireille adorent la natation.
Vous dites: Elles font de la natation.

Vous entendez: 3. Mireille n'aime
  pas la natation.
Vous dites: Elle ne fait pas de
  natation.

Continuez oralement avec
l'enregistrement.

6.21 Activation écrite: *Aimer le sport / faire du sport*

Complétez.

1. —Est-ce que les parents de Mireille aiment
  _____ karaté?

  —Mais oui! Ils _____ du karaté tous les soirs,
  à la maison.

2. —Et vous, vous aimez _____ karaté?

  —Bien sûr, je _____ du karaté tous les
  weekends.

3. —Est-ce que Mireille aime _____ karaté?

—Oui, elle _____ du karaté tous les samedis avec ses deux soeurs.

4. —Moi aussi, j'adore _____ karaté.

—C'est vrai? Vous _____ du karaté?

5. —Vous trouvez le temps de _____ du karaté?

—Mais oui, je _____ du karaté de 22 à 23 heures.

6.22 Observation: Interrogation; *est-ce que*

déclaration	Mireille est blonde.
interrogation	**Est-ce que** Mireille est blonde?
déclaration	Elle est blonde.
interrogation	**Est-ce qu'** elle est blonde?

On peut transformer une phrase déclarative en une phrase interrogative en ajoutant *est-ce que* (ou *est-ce qu'* devant un son de voyelle) devant la phrase déclarative et en faisant monter le ton de la voix à la fin de la phrase:

Est-ce que Mireille est blonde?

ᛒ 6.23 Activation orale: Interrogation; *est-ce que*

Transformez chaque phrase déclarative que vous entendez en une phrase interrogative en ajoutant *est-ce que* (ou *est-ce qu'*).

Exemple:
Vous entendez: 1. Elle est malade.
Vous dites: Est-ce qu'elle est malade?

Continuez oralement avec l'enregistrement.

6.24 Observation: Numération; 20 à 69

20 vingt	30 trente	40 quarante
21 vingt **et** un	31 trente **et** un	41 quarante **et** un
22 vingt-deux	32 trente-deux	42 quarante-deux
23 vingt-trois	33 trente-trois	43 quarante-trois
24 vingt-quatre	34 trente-quatre	44 quarante-quatre
25 vingt-cinq	35 trente-cinq	45 quarante-cinq
26 vingt-six	etc.	etc.
27 vingt-sept		
28 vingt-huit		
29 vingt-neuf		

50 cinquante	60 soixante
51 cinquante **et** un	61 soixante **et** un
52 cinquante-deux	62 soixante-deux
53 cinquante-trois	63 soixante-trois
54 cinquante-quatre	64 soixante-quatre
etc.	etc.

Notez: *vingt* **et** *un, trente* **et** *un, quarante* **et** *un, cinquante* **et** *un, soixante* **et** *un*.

ᛒ 6.25 Activation orale: Numération; 20 à 69

Phase 1: Enoncez les opérations suivantes (addition).

$3 + 4 = 7$ (trois et quatre, sept)
$6 + 5 = 11$
$6 + 6 = 12$
$7 + 7 = 14$
$7 + 8 = 15$

$8 + 8 = 16$
$8 + 9 = 17$
$8 + 10 = 18$
$8 + 11 = 19$

$10 + 10 = 20$

$$17 + 4 = 21$$
$$27 + 4 = 31$$
$$37 + 4 = 41$$
$$47 + 4 = 51$$
$$57 + 4 = 61$$

$$18 + 4 = 22$$
$$28 + 4 = 32$$
$$38 + 4 = 42$$
$$48 + 4 = 52$$
$$58 + 4 = 62$$

Phase 2: Faites les opérations suivantes (multiplication).

$2 \times 6 = 12$ (deux fois six, douze)
$3 \times 7 = 21$
$3 \times 8 = 24$
$5 \times 5 = 25$
$5 \times 7 = 35$

$9 \times 5 = 45$
$2 \times 7 = 14$
$2 \times 9 = 18$
$8 \times 7 = 56$

$9 \times 7 = 63$
$3 \times 23 = 69$

ଋ 6.26 Activation orale: Dialogue entre M. et Mme Belleau

Vous allez entendre une conversation entre M. et Mme Belleau. Ecoutez attentivement. Vous allez apprendre les réponses de Mme Belleau.

M. BELLEAU: Franchement, Mireille, c'est la plus intelligente des trois.

MME BELLEAU: **Oui, elle a l'esprit vif. Elle est très sociable... un peu moqueuse peut-être....**

M. BELLEAU: Disons...euh...disons qu'elle est souvent moqueuse.

MME BELLEAU: **Mais elle n'est pas méchante du tout. Et elle a très bon caractère.**

Libération de l'expression

6.27 Mots en liberté

Qu'est-ce qu'une dame peut être?

Elle peut être jeune, âgée, sportive, rousse, sociable, indienne, aisée, remariée, la victime d'un crime, ingénieur, mère de douze enfants....

Trouvez au moins dix autres possibilités. (Vous pouvez facilement en trouver vingt!)

6.28 Mise en scène et réinvention de l'histoire

Faites le portrait de la personne que vous allez choisir pour l'histoire. Utilisez des éléments des leçons 2 à 6. Par exemple:

Pour l'histoire, nous allons choisir
- une vieille dame.
- une jeune femme.
- une petite fille.
- une jeune fille.
- une étudiante.
- une Suédoise.

Elle va être
- blonde.
- rousse.
- brune.
- châtain.
- intelligente.
- moqueuse.
- méchante.
- raisonnable.
- sérieuse.
- sociable.
- sympathique.
- sportive.
- divorcée.
- remariée.
- riche.
- ingénieur.
- chef de service.

Elle va avoir
- cinq ans.
- onze ans.
- vingt et un ans.
- vingt-huit ans.
- cinquante et un ans.
- soixante-huit ans.

Elle va être
- très petite.
- assez grande.
- très mince.
- plutôt forte.

	la taille fine/épaisse.		du sport.
	le cou mince/épais/long.		beaucoup de sport.
	le visage allongé/carré/rond/ovale.		pas de sport.
	les cheveux blonds/noirs/roux/châtain/		du tennis.
	blancs/gris/courts/longs/fins.		du karaté.
	les yeux bleus/marron/gris/verts.		du ski.
	un oeil bleu et un oeil vert.		du canoë.
Elle va avoir	les yeux ronds/petits/très grands/méchants.		du kayak.
	les doigts courts/longs/fins/épais.	Elle va faire	du deltaplane.
	les jambes longues/courtes/fines/épaisses.		du cheval.
	l'esprit vif/rapide.		de l'alpinisme.
	bon caractère/mauvais caractère.		de l'aviron.
	des complexes.		de l'escrime.
	deux chiens.		de la natation.
	l'air intelligent/méchant/gentil.		de la moto.
			de la planche à voile.
			de la voile.

6.29 Mise en scène et réinvention de l'histoire

Vous pouvez imaginer une discussion avec un ami ou une amie... ou avec Fido. Ecoutez l'exemple dans l'enregistrement.

6.30 Mise en scène et réinvention de l'histoire

Conversation téléphonique entre un journaliste et des personnalités célèbres. Imaginez que "X" est Napoléon, Abraham Lincoln, Lénine, Catherine Deneuve, Charles de Gaulle, Jeanne d'Arc, Marie-Antoinette, Charles Aznavour, Mick Jagger, Gérard Depardieu, ou n'importe qui d'autre. Faites son portrait en répondant aux questions du journaliste.

LE JOURNALISTE:

Allô! Bonjour, | Monsieur....
             | Madame....

Est-ce que je peux faire votre portrait pour mon journal? D'accord? D'abord, est-ce que vous êtes grand(e) ou petit(e)?

X:

       | plutôt grand(e).
Je suis | grand(e).
       | petit(e).

LE JOURNALISTE:

Est-ce que vous êtes en bonne santé?

X:

| Oui, je suis en bonne santé.
| Non, je ne suis pas en bonne santé.

LE JOURNALISTE:

Vous avez le visage... euh... comment?

X:

               | carré.
               | rond.
J'ai le visage plutôt | ovale.
               | allongé.
               | fin.
               | intelligent.

LE JOURNALISTE:

Et les cheveux?

X:

           | châtain.
           | roux.
J'ai les cheveux | blonds.
           | noirs.

LE JOURNALISTE:

Ah, vous êtes donc châtain/roux(sse)/blond(e)/brun(e)!

X:

Vous avez l'esprit vif, Monsieur/Madame!

LE JOURNALISTE:
Et les yeux?

X:

Ils sont
J'ai les yeux
| verts.
| marron.
| bleus.
| noirs.
| gris.

LE JOURNALISTE:
Allô, allô! Quoi? Un oeil bleu? Un oeil vert?

X:

Non, non, j'ai deux yeux, et ils sont
| noirs.
| bleus.
| verts.
| gris.
| marron.

LE JOURNALISTE:
Et le cou?

X:

J'ai le cou
| épais.
| long.
| court.
| mince.

LE JOURNALISTE:
Vous avez quel âge?

X:

J'ai
| 57
| 64
| 23
| 42
| 16
| 19
ans.

LE JOURNALISTE:
Et au moral, vous avez l'esprit rapide?

X:
Oui, oui, je suis intelligent(e).
Non, pas vraiment. . . .
Je ne suis pas très intelligent(e).

Je ne suis pas
Je suis
Je suis très
| sympathique.
| moqueur(se).
| raisonnable.
| gentil(le).
| méchant(e).

J'ai
| bon caractère.
| mauvais caractère.

Exercices-tests

⌛ 6.31 Exercice-test: Numération

Complétez les phrases que vous entendez. Ecrivez en chiffres.

1. La mère de Mireille a _____ ans.

2. Son père a _____ ans.

3. Sa soeur Cécile a _____ ans.

4. Robert, lui, a _____ ans.

5. Sa mère a _____ ans.

6. Et son père a _____ ans.

Vérifiez. Si vous avez fait des fautes, travaillez les sections 6.24 et 6.25 dans votre cahier d'exercices.

∩ 6.32 Exercice-test: Masculin / féminin des adjectifs

Vous allez entendre dix phrases. Pour chaque phrase, déterminez si on parle d'un jeune homme ou d'une jeune fille.

	1	2	3	4	5	6	7	8	9	10
un jeune homme										
une jeune fille										

Vérifiez. Si vous avez fait des fautes, travaillez les sections 6.9 à 6.16 dans votre cahier d'exercices.

6.33 Exercice-test: Présent indicatif du verbe *faire*; *du, de la, de l', pas de, pas d'*

Complétez selon l'exemple.

Exemple:
Vous voyez: J'aime la natation!
Vous écrivez: Oui! Tu <u>fais de la</u> natation tous les jours!

1. Mireille aime le karaté?

   Oui, elle _____ karaté tous les

   jours.

2. Les soeurs de Mireille aiment le cheval?

   Non, elles ne _____ cheval.

3. Vous aimez l'aviron?

   Oui, nous _____ aviron tous les

   jours.

4. Tu aimes la voile?

   Non, je ne _____ voile.

5. Nous aimons le ski!

   Oui! Vous _____ ski tous les

   jours!

Vérifiez. Si vous avez fait des fautes, travaillez les sections 6.17 à 6.21 dans votre cahier d'exercices.

Leçon 7

🎧 7.1 Mise en oeuvre

Ecoutez le texte et la mise en oeuvre dans l'enregistrement sonore. Répétez et répondez suivant les indications.

🎧 7.2 Compréhension auditive

Phase 1: Vous voyez une série d'images. Vous allez entendre une phrase qui correspond à chaque image. Regardez l'image et répétez la phrase que vous entendez.

Phase 2: Regardez les images 1,2,3,4,5, et 6. Vous allez entendre des phrases identifiées par les lettres A,B,C,D,E, et F. Chaque phrase correspond à une image. Ecrivez la lettre de la phrase que vous entendez sous l'image qui lui correspond le mieux.

Exemple:
Vous entendez: A. Obélix est costaud.
Vous écrivez *A* sous l'image 1.

1   A

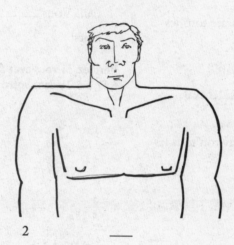

2   ___

3   ___

4   ___

5   ___

6   ___

⌒ 7.3 Production orale

Ecoutez les dialogues suivants. Dans chaque dialogue vous allez jouer le rôle d'un des personnages. Vous allez entendre chaque dialogue en entier une fois. Puis vous allez jouer le rôle du personnage indiqué.

Exemple:

1. (Le professeur et un étudiant) Vous allez être l'étudiant. Ecoutez le dialogue entre le professeur et l'étudiant.

> LE PROFESSEUR: Aujourd'hui nous allons faire le portrait du jeune homme de l'histoire, Robert. C'est un Américain. C'est un garçon solide.
>
> L'ETUDIANT: Vous voulez dire qu'il va être gros?

Maintenant, vous êtes l'étudiant. Répondez au professeur.

Vous entendez: Aujourd'hui, nous allons faire le portrait du jeune homme de l'histoire, Robert. C'est un Américain. C'est un garçon solide.

Vous dites: Vous voulez dire qu'il est gros?

2. (Le professeur et une étudiante) Vous allez être l'étudiante.

3. (Le professeur et un étudiant) Vous allez être l'étudiant.

4. (Le professeur et une étudiante) Vous allez être l'étudiante.

5. (Le professeur et une étudiante) Vous allez être l'étudiante.

6. (Le professeur et des étudiants) Vous allez être les étudiants.

⌒ 7.4 Compréhension auditive et production orale

Ecoutez les dialogues suivants. Après chaque dialogue, vous allez entendre une question. Répondez à la question.

Exemple:

1. Qu'est-ce que nous allons faire maintenant?

Vous entendez: Nous allons maintenant faire le portrait du jeune homme de l'histoire, Robert.

Et puis vous entendez la question: Qu'est-ce que nous allons faire maintenant?

Vous répondez: Nous allons faire le portrait du jeune homme de l'histoire.

2. Est-ce que Robert est gros?
3. Qui est plus grand, Robert ou Mireille?
4. Est-ce que Robert a les épaules étroites?
5. Est-ce que Robert est blond?
6. Est-ce que Robert va avoir les sourcils blonds?
7. Est-ce que Robert va avoir une barbe?
8. Est-ce que Robert est plus moqueur que Mireille?
9. Est-ce que Robert et Mireille se ressemblent?

Préparation à la communication

⌒ 7.5 Observation: Prononciation; é et è

Ecoutez.

Je préfère ça.

Il y a deux syllabes dans *préfère*:

⌐ ⌐
pré fère

La voyelle de la première syllabe est différente de la voyelle de la deuxième syllabe. La voyelle de la première syllabe est **fermée** (la langue est plus haute et donc l'espace intérieur de la bouche est plus petit). La voyelle de la deuxième syllabe est **ouverte** (la langue est plus basse et donc l'espace intérieur de la bouche est plus grand).

La première syllabe est **ouverte**: elle se termine par une voyelle. La deuxième syllabe est **fermée**: elle se termine par une consonne. Notez que la voyelle **ouverte** se trouve dans la syllabe **fermée**. (C'est amusant, non?)

Notez que la voyelle fermée est représentée, ici, par é (e accent aigu) et la voyelle ouverte par è (e accent grave). Mais il y a d'autres graphies pour ces deux voyelles. Par exemple, la voyelle ouverte peut être représentée par ê (e accent circonflexe), comme dans *être*; e + *rt*, comme dans *Hubert*; *ais*, comme dans *épais*; *ait*, comme dans *portrait*, etc.

ᕘ 7.6 Activation orale: Prononciation; é et è

Ecoutez et répétez les mots suivants. Ils contiennent tous la voyelle fermée représentée par é (e accent aigu).

prénom	Cécile	mariée	divorcé	carré
distingué	allongé	santé	décidé	différent

Maintenant écoutez et répétez les mots suivants. Ils contiennent tous la voyelle ouverte représentée par è (e accent grave).

père	mère	frère	mètre	caractère
pèse	deuxième	troisième	quatrième	très

Maintenant écoutez, répétez, et observez ces autres graphies des deux voyelles:

voyelle fermée (comme prénom):

travailler	mesurer	notez
donner	premier	donnez
rencontrer		parlez

voyelle ouverte (comme père):

Hubert	elle	faire	je fais	il fait
Robert	mademoiselle	air	épais	portrait

7.7 Observation: Numération; 70–100

10	*dix*	70	soixante-dix	20	*vingt*	80	quatre-vingts	100	cent
11	*onze*	71	soixante et onze	21	*vingt et un*	81	quatre-vingt-un		
12	*douze*	72	soixante-douze	22	*vingt-deux*	82	quatre-vingt-deux		
13	*treize*	73	soixante-treize	23	*vingt-trois*	83	quatre-vingt-trois		
14	*quatorze*	74	soixante-quatorze	24	*vingt-quatre*	84	quatre-vingt-quatre		
15	*quinze*	75	soixante-quinze	25	*vingt-cinq*	85	quatre-vingt-cinq		
16	*seize*	76	soixante-seize	26	*vingt-six*	86	quatre-vingt-six		
17	*dix-sept*	77	soixante-dix-sept	27	*vingt-sept*	87	quatre-vingt-sept		
18	*dix-huit*	78	soixante-dix-huit	28	*vingt-huit*	88	quatre-vingt-huit		
19	*dix-neuf*	79	soixante-dix-neuf	29	*vingt-neuf*	89	quatre-vingt-neuf		

90	quatre-vingt-dix
91	quatre-vingt-onze
92	quatre-vingt-douze
93	quatre-vingt-treize
94	quatre-vingt-quatorze
95	quatre-vingt-quinze
96	quatre-vingt-seize
97	quatre-vingt-dix-sept
98	quatre-vingt-dix-huit
99	quatre-vingt-dix-neuf

Remarquez qu'on dit

vingt　　et un
trente　　et un
quarante　　et un
cinquante　　et un
soixante　　et un
soixante　　et onze,

mais

quatre-vingt-un
quatre-vingt-onze.　　(Eh oui!)

Remarquez qu'on écrit

vingt-deux
trente-trois
cinquante-six, etc. avec des traits d'union (-),

mais

vingt et un
trente et un, etc. sans trait d'union.

Enfin, autre particularité orthographique amusante: on écrit

quatre-vingts
deux　cents
sept　cents

avec un -s, quand le multiple n'est pas suivi d'un autre chiffre, mais

quatre-vingt-quatre
deux-cent huit

sans -s, quand le multiple est suivi d'un autre chiffre.

⌂ 7.8 Activation: Compréhension auditive; numération

Complétez les adresses que vous allez entendre (écrivez en chiffres).

1. Mireille: _____, rue de Vaugirard, Paris 6ème.

2. Sa soeur Cécile: _____, rue des Cerisiers à Colombes.

3. Annette Brunet: _____, rue des Marronniers, Paris 16ème.

4. Guillaume Belleau: _____, rue de Courcelles, Paris 8ème.

5. Hubert de Pinot-Chambrun: _____, Ave Victor Hugo, Paris 16ème.

6. Paulette Buisson: _____, Bd Diderot, Paris 12ème.

7. Anatole Belleau: _____, Avenue de Versailles à Boulogne.

⌂ 7.9 Activation: Compréhension auditive; numération

Ecoutez et notez les âges suivants (écrivez en chiffres).

1. Mireille a ____ ans.

2. Cécile a ____ ans.

3. Marie-Laure a ____ ans.

4. Henri Pothier a ____ ans.

5. François Belleau a ____ ans.

6. Armand Belleau a ____ ans.

7. Guillaume Belleau a ____ ans.

8. Adolphe Belleau a ____ ans.

7.10 Observation: Formes masculines et féminines; voyelles nasales et dénasalisées (révision et extension)

masculin	féminin
un	une
brun	brune
fin	fine
masculin	masculine
féminin	féminine
africain	africaine
tunisien	tunisienne
bon	bonne

Ces formes masculines se terminent par une voyelle nasale sans consonne /n/. Aux formes féminines, la voyelle n'est plus nasale, elle est "dénasalisée," et elle est suivie d'une consonne /n/ (voir leçon 4).

⌂ 7.11 Activation: Discrimination auditive; voyelles nasales et dénasalisées

Vous allez entendre une série de phrases. Déterminez si l'adjectif ou le nom dans chaque phrase est masculin (voyelle nasale) ou féminin (voyelle dénasalisée).

	1	2	3	4	5	6	7	8	9	10	11	12	13	14	15	16
masculin																
féminin																

∿ 7.12 Activation orale: Formes masculines et féminines

Mettez au féminin selon l'exemple.

Exemple:
Vous entendez: 1. Le père est américain.
Vous dites: La mère est américaine.

Continuez oralement avec l'enregistrement.

7.13 Observation: Formes masculines et féminines (révision et extension)

masculin	féminin
indulgent	indulgen**te**
intelligent	intelligen**te**
différent	différen**te**
idiot	idio**te**
blanc	blan**che**

Notez que la consonne finale n'est pas prononcée au masculin, mais qu'elle est prononcée au féminin.

7.14 Observation: Formes masculines et féminines (révision et extension)

masculin	féminin
gris	gri**se**
sérieux	sérieu**se**
moqueur	moqueu**se**

Notez que ces formes féminines ont la même consonne finale /z/ représentée par -se.

∿ 7.15 Activation orale: Formes masculines et féminines

Faisons le portrait des deux jeunes gens. Pour l'exercice, ils vont se ressembler. Ils vont être identiques.

Exemple:
Vous entendez: 1. Mireille va être petite.
Vous dites: Alors, Robert va être petit lui aussi.

Continuez oralement avec l'enregistrement.

7.16 Observation: Formes masculines et féminines (révision et extension)

masculin	féminin
calme	calme
possible	possible
imbécile	imbécile
stupide	stupide
robuste	robuste
large	large

Notez que ces formes masculines et féminines sont identiques du point de vue du son et du point de vue de l'orthographe.

7.17 Observation: Formes masculines et féminines (révision et extension)

masculin	*féminin*
carré	carrée
allongé	allongée
distingué	distinguée
bleu	bleue
vrai	vraie
joli	jolie
noir	noire

Notez que, du point de vue du son, ces formes masculines et féminines sont identiques. Du point de vue de l'orthographe, les formes féminines se terminent par un -e.

7.18 Activation écrite: Formes masculines et féminines

Complétez.

1. Robert fait du patin. C'est un excellent patineur.

   Mireille aussi est une _____ _____.

2. Robert fait du ski. C'est un bon skieur.

   Mireille aussi est une _____ _____.

3. Mireille fait de la natation. C'est une bonne nageuse.

   Robert aussi est un _____ _____.

4. Robert va beaucoup voyager. Ça va être un grand voyageur.

   Mireille aussi va être une _____ _____.

⌢ 7.19 Activation: Dictée; formes masculines et féminines, singulier et pluriel

Ecoutez et complétez.

1. Robert a les épaules _____.

   Il a aussi le menton _____.

2. Les parents de Robert sont _____.

   Sa mère est _____ avec un Argentin.

   Son père n'est pas _____.

3. L'Argentin a la moustache _____. Le père

   de Robert n'a pas de moustache, mais il a les sourcils

   _____, comme Robert.

4. Ce sont tous les deux des messieurs très

   _____. Mireille aussi est très

   _____.

5. Mireille est _____. Et elle a aussi un

   _____ prénom!

7.20 Observation: Interrogation; trois formes interrogatives

déclaration	*interrogation*
Il est sportif.	1. Il est sportif? 2. Est-ce qu'il est sportif? 3. Est-il sportif?

Les phrases 1, 2, et 3 sont interrogatives. Elles sont équivalentes: elles ont le même sens. Elles représentent trois formes différentes d'interrogation, trois façons différentes de poser la même question.

Dans la forme 1, la phrase est identique à la phrase déclarative. L'interrogation est marquée seulement par l'intonation: le ton de la voix monte à la fin de la phrase.

Dans la forme 2, la phrase est identique à la phrase déclarative, mais elle est précédée par *est-ce que*, et l'intonation est montante, comme dans 1.

Dans la forme 3, il y a une inversion: l'ordre du pronom sujet et du verbe est inversé. Le pronom sujet est placé après le verbe. L'intonation est montante comme dans 1 et 2.

ᗝ 7.21 Activation: Discrimination auditive; interrogation et intonation

Ecoutez et indiquez si les phrases que vous entendez sont déclaratives ou interrogatives. Notez que l'interrogation est marquée seulement par l'intonation. Cochez la case appropriée.

	1	2	3	4	5	6	7	8	9	10	11	12
déclaration	X											
interrogation		X										

7.22 Observation: Interrogation et inversion

déclaration	*interrogation*
1. **Il est** sportif.	2. **Est-il** sportif?
3. **Elles sont** sportives.	4. **Sont-elles** sportives?
5. **Vous avez** le temps!	6. **Avez-vous** le temps?
7. **Tu as** le temps!	8. **As-tu** le temps?

Notez que dans les questions 2, 4, 6, et 8, l'interrogation est marquée par la place du pronom personel sujet (*il, elles, vous, tu*): le pronom personnel sujet est placé après le verbe.

Notez que le pronom est rattaché au verbe par un trait d'union (-). Notez que dans les questions 2 et 4, il y a liaison du *t* de *est* et *sont* avec la voyelle des pronoms *il* et *elle*. On prononce Est-/t/il? Sont-/t/elles? avec un /t/.

Observez.

déclaration	*interrogation*
9. Robert est sportif.	10. Robert est-**il** sportif?
11. La jeune fille est sportive.	12. La jeune fille est-**elle** sportive?

Dans ces phrases, le sujet n'est pas un pronom mais un nom. Dans les phrases 10 et 12, le nom est placé avant le verbe mais l'interrogation est marquée par l'addition d'un pronom sujet (redondant) après le verbe.

Conclusion générale: Dans les phrases 2, 4, 6, 8, 10, et 12, l'interrogation est marquée par la présence d'un pronom personnel sujet après le verbe.

🎧 7.23 Activation orale: Interrogation et inversion

Transformez selon l'exemple.

Exemple:
Vous entendez: 1. Est-ce que
    Robert est sportif?
Vous dites: Robert est-il sportif?

Continuez oralement avec
l'enregistrement.

7.24 Observation: Interrogation et inversion

1.   Est-il   sportif?
2.   Sont-elles sportives?
3.   Fait-elle du ski?
4. Travaillent-elles?

5. Robert a-t-il   de l'argent?
6.   Parle-t-elle anglais?
7.   Va-t-elle   aller en France?

Notez que dans les phrases 1, 2, 3, et 4, les pronoms commencent par une voyelle (*il, elle, elles*), et il y a une consonne (*-t*) à la fin du verbe. Il y a donc liaison: on prononce le *t*.

Dans les phrases 5, 6, et 7, les pronoms commencent aussi par une voyelle, mais il n'y a pas de consonne à la fin du verbe (il y a une voyelle: *a,*

e). On ajoute alors un *-t-* entre le verbe et le pronom pour séparer les deux voyelles. (Remarquez que le *t* est une terminaison verbale fréquente à la 3ème personne: *il est, il fait, ils ont, elles sont*.) Notez que le *-t-* supplémentaire est placé entre deux traits d'union.

🎧 7.25 Activation orale: Interrogation et inversion

Transformez selon l'exemple.

Exemple:
Vous entendez: 1. Est-ce que Robert
    parle français?
Vous dites: Robert parle-t-il français?

Continuez oralement avec
l'enregistrement.

7.26 Observation: Interrogation; *Qu'est-ce que c'est* et *Qui est-ce que c'est*

question	*réponse*
Qu'est-ce que c'est?	C'est une maison. une oeil. la barbe du monsieur. une dame. un chien.
Qui est-ce que c'est?	C'est Robert. la soeur de Mireille. Tante Georgette. Madame Rosa.

🎧 7.27 Activation: Compréhension auditive; *Qu'est-ce que c'est* et *Qui est-ce que c'est*

Vous allez entendre une série de questions. Choisissez la réponse qui convient le mieux. Indiquez votre choix en entourant *a* ou *b* d'un cercle.

1. a. C'est Mme Rosa.
   b. C'est la fac.

2. a. C'est le restau-U.
   b. C'est Mireille.

3. a. C'est un doigt.
   b. C'est l'ami de Robert.

4. a. C'est Tante Georgette.
   b. C'est un chien.

5. a. C'est une maison.
   b. C'est la soeur de Mireille.

6. a. C'est Cécile.
   b. C'est l'aéroport Charles de Gaulle.

7. a. (C'est) un jeune homme.
   b. (C'est) Hubert.

8. a. (C'est) une jeune fille.
   b. (C'est) Colette.

7.28 Observation: Interrogation; *Qu'est-ce que* et *Qui est-ce qui*

sujet	verbe	objet
Nous	allons inventer	**une histoire.**

question	réponse
Qu'est-ce que nous allons inventer?	Une histoire.
Qui est-ce qui va inventer une histoire?	Nous.

Remarquez que la réponse à *Qu'est-ce que* . . . est une chose (une histoire). C'est aussi l'objet du verbe. La réponse à *Qui est-ce qui* . . . est une personne (nous, le professeur, les étudiants, Mireille . . .). C'est aussi le sujet du verbe.

⌒ 7.29 Activation orale: *Qu'est-ce que*

Répondez selon l'exemple.

Exemple:
Vous entendez: 1. Nous allons apprendre le français.
Vous demandez: Qu'est-ce que nous allons apprendre?

Continuez oralement avec l'enregistrement.

⌒ 7.30 Activation orale: *Qui est-ce qui*

Répondez selon l'exemple.

Exemple:
Vous entendez: 1. Je vais proposer une histoire.
Vous demandez: Qui est-ce qui va proposer une histoire?

Continuez oralement avec l'enregistrement.

⌒ 7.31 Activation orale: Dialogue entre Hubert et Mireille

Vous allez entendre une conversation entre Hubert et Mireille. Ecoutez attentivement. Vous allez apprendre les réponses de Mireille.

HUBERT: Il est comment, ce Robert? Il est grand?
MIREILLE: **Non, il n'est pas grand; il n'est pas petit non plus.**
HUBERT: Il est blond? . . . roux?
MIREILLE: **Non, il est brun. Il a les cheveux noirs. Et les yeux marron.**

HUBERT: Et au moral, comment est-il?
MIREILLE: **Il est très gentil. Très sociable. Et très indulgent.**

Libération de l'expression

7.32 Mots en liberté

Comment est-ce qu'un garçon peut être au moral?

Il peut être calme, il peut être plus méchant que sa soeur. . . .

Trouvez encore au moins cinq autres possibilités.

7.33 Mise en scène et réinvention de l'histoire

Imaginez que vous rencontrez l'homme ou la femme idéal(e). Vous allez faire le portrait de cette personne idéale. Est-ce qu'elle est grande, petite, noire, blanche, rousse, ou blonde? Et au moral, comment est-elle?

7.34 Mise en scène et réinvention de l'histoire

Imaginez le portrait du jeune homme... ou du vieux monsieur de l'histoire. Recombinez des éléments des leçons 2 à 7. Par exemple:

Nous allons choisir
un vieux monsieur très distingué.
un petit garçon stupide.
un homme costaud.
un jeune homme canadien.

Il va être
robuste.
solide.
très grand.
très petit.
plus petit que la jeune fille.
moyen.
plus grand que la jeune fille.
mince.
ni grand ni petit.
fragile.
gros.
très gros.
blond.
roux.
brun.
châtain.
sérieux.
calme.
moqueur.
idiot.
méchant.
marié.
divorcé
remarié.
indulgent.

Il va mesurer
1 mètre 50.
1 mètre 70.
1 mètre 80.
1 mètre 90.
2 mètres.

Il va peser
50 kilos.
60 kilos.
70 kilos.
80 kilos.
85 kilos.
90 kilos.
98 kilos.
100 kilos.
150 kilos.
200 kilos.

Il va avoir
un gros ventre/pas de ventre.
les épaules larges/carrées.
les cheveux longs/courts.
une grande barbe noire/rousse/blonde.
une petite barbe châtain/blanche/grise.
les sourcils épais/fins/blonds/noirs/roux.
une grande moustache/une petite moustache.
pas de moustache.

Il va faire
du ski nautique.
du surfing.
du polo.
de la moto.
du patin à roulettes.
du patin à glace.
la sieste.

Il va travailler
chez Renault.
au Ministère de la Santé.
dans un restau-U.
à l'aéroport.
à la bibli.
à la fac.

🎧 7.35 Mise en scène et réinvention de l'histoire

Ecoutez l'exemple de conversation entre X et Fido dans l'enregistrement.

Exercices-tests

ᘓ 7.36 Exercice-test: Numération

Ecrivez les chiffres que vous entendez.

1. _____ + _____ = _____
2. _____ + _____ = _____
3. _____ + _____ = _____
4. _____ + _____ = _____

Vérifiez. Si vous avez fait des fautes, travaillez les sections 7.7 à 7.9 dans votre cahier d'exercices.

7.37 Exercice-test: Masculin / féminin des adjectifs

Complétez.

1. Mireille est moqueuse.

   Robert n'est pas _____.

2. Robert est intelligent.

   Mireille aussi est _____.

3. Robert est brun, mais Mireille n'est

   pas _____.

4. Robert est robuste; Mireille aussi

   est _____.

5. Robert est un bon patineur.

   Mireille aussi est une _____.

Vérifiez. Si vous avez fait des fautes, travaillez les sections 7.10 à 7.19 dans votre cahier d'exercices.

ᘓ 7.38 Exercice-test: Interrogation

Vous allez entendre dix phrases. Pour chaque phrase indiquez si c'est une déclaration ou une question. Cochez la case appropriée.

	1	2	3	4	5	6	7	8	9	10
déclaration										
question										

Vérifiez. Si vous avez fait des fautes, travaillez les sections 7.20 à 7.25 dans votre cahier d'exercices.

Leçon 8

ᗯ 8.1 Mise en oeuvre

Ecoutez le texte et la mise en oeuvre dans l'enregistrement sonore. Répétez et répondez suivant les indications.

ᗯ 8.2 Compréhension auditive et production orale

Regardez l'arbre généalogique de Mireille qui accompagne le texte de la leçon 8. Vous allez entendre des paires de phrases qui expriment des rapports de parenté dans la famille Belleau. Choisissez la phrase qui exprime le rapport de parenté réel.

Exemples:

(1. Léon Pothier → Mireille)
Vous entendez:
1. Léon Pothier est le frère de Mireille.
   Léon Pothier est le grand-père de Mireille.
Vous répondez:
   Léon Pothier est le grand-père de Mireille.

(2. Madeleine Pothier → Mireille)
Vous entendez:
2. Madeleine Pothier est la mère de Mireille.
   Madeleine Pothier est la soeur de Mireille.
Vous répondez:
   Madeleine Pothier est la mère de Mireille.

3. Georges Belleau → Mireille
4. Marie-Laure → Mireille
5. Edouard Pothier → Mireille
6. François Belleau → Madeleine Pothier
7. Madeleine Pothier → François Belleau
8. Georgette Belleau → Mireille
9. Georgette Belleau → Guillaume Belleau
10. Mireille → François Belleau
11. Mireille → Anatole Belleau
12. François Belleau → Anatole Belleau

ᗯ 8.3 Compréhension auditive et production orale

Vous allez entendre des phrases qui expriment un rapport de parenté dans la famille Belleau, puis une question. Répondez à la question selon les exemples.

Exemples:

(1. Madeleine Belleau → Mireille)
Vous entendez: Mireille est la fille de Madeleine Belleau.
   Qui est Madeleine Belleau?
Vous répondez: C'est la mère de Mireille.

(2. Mireille → Georges Belleau)
Vous entendez: Georges Belleau est le cousin de Mireille.
   Qui est Mireille?
Vous répondez: C'est la cousine de Georges Belleau.

3. Anatole Belleau → François Belleau
4. Mireille → Madeleine Belleau
5. Madeleine Pothier → François Belleau
6. Guillaume Belleau → Mireille
7. Guillaume Belleau → Georgette Belleau
8. Anatole Belleau → Mireille
9. François Belleau → Anatole Belleau
10. Georgette Belleau → Mireille
11. Edouard Pothier → Mireille
12. François Belleau → Mireille

Préparation à la communication

ᖇ 8.4 Observation et discrimination auditive: Prononciation; *tutu* / *toutou*

Ecoutez.

Marie-Laure a un *tutu*.
Tante Georgette a un *toutou*.

Notez que les voyelles dans *tutu* sont très différentes des voyelles dans *toutou*.

Vous allez entendre des phrases qui parlent soit de *tutu* soit de *toutou*. Pour chaque phrase que vous entendez, indiquez si elle parle de *tutu* ou de *toutou*.

	1	2	3	4	5	6	7	8	9	10	11	12
tutu												
toutou												

ᖇ 8.5 Activation orale: Prononciation; *tutu* / *toutou*

Pour prononcer la voyelle de *tutu* (/y/) le bout de la langue vient appuyer contre les dents inférieures.

toutou /u/   tutu /y/

Ecoutez et répétez.

toutou	*tutu*	*tu* vas bien
tous les deux	*utile*	*unique*
épouser	*sûr*	*plutôt*
cousin	*une*	non *plus*
	Entend*u*!	st*u*pide
	ét*u*dier	

8.6 Observation: Numération; 100–999.000.000

100	cent
101	cent un
102	cent deux, etc.
…	…
200	deux cents
201	deux cent un
202	deux cent deux, etc.
…	…
999	neuf cent quatre-vingt-dix-neuf
1000	mille
2000	deux mille, etc.
…	…
1.000.000	un million
2.000.000	deux millions, etc.

8.7 Observation: Dates

1623	mil six cent vingt-trois	ou seize cent vingt-trois
1945	mil neuf cent quarante-cinq	ou dix-neuf cent quarante-cinq

Dans les dates on écrit *mil* au lieu de *mille*. Pour les dates entre 1100 et 1999 on peut dire *onze cent, douze cent*... *dix-neuf cent*.

⌕ 8.8 Activation orale: Numération

Phase 1: Enoncez les opérations suivantes (additions).

Exemple:

Vous voyez: 1. 2.217
             + 113
             ──────
                2.330

Vous dites:

Deux mille deux cent dix-sept plus cent treize font deux mille trois cent trente.

2. 721	3. 1.260	4. 10.677
+ 344	+ 2.280	+ 13.033
1.065	3.540	23.710

Phase 2: Enoncez les opérations suivantes (soustractions).

Exemple:

Vous voyez: 1. 7.321
             − 2.552
             ──────
                4.769

Vous dites:

Sept mille trois cent vingt et un moins deux mille cinq cent cinquante-deux font quatre mille sept cent soixante-neuf.

2. 694	3. 9.999	4. 13.745
− 270	− 6.666	− 1.407
424	3.333	12.338

8.9 Observation: *De la, de l', du, des*

		féminin singulier
1.	L'oncle Guillaume a	**de la** fortune.
2.		**La** fortune, c'est utile!
		masculin (ou féminin) singulier
3.	L'oncle Guillaume a	**de l'** argent.
4.		**L'** argent, c'est utile!
		masculin singulier
5.	L'oncle Guillaume a	**du** temps.
6.		**Le** temps, c'est de l'argent!
		masculin pluriel
7.	L'oncle Guillaume a	**des** amis.
8.		**Les** amis, c'est utile!
		féminin pluriel
9.	L'oncle Guillaume a	**des** relations.
10.		**Les** relations, c'est utile!

Notez que dans la phrase 5 nous avons *du* (*du temps*) et non pas *de le*. Notez que dans les phrases 7 et 9 nous avons *des* (*des amis, des relations*) et non pas *de les*.

> *du* remplace toujours *de* + l'article *le*
> *des* remplace toujours *de* + l'article *les*

Notez que nous avons *de l'* devant un nom singulier commençant par une voyelle (*de l'argent*). Notez la liaison avec *des* devant une voyelle (des /z/amis).

8.10 Observation: *Du, de la, des, pas de*

négation + **de**	
Il a **du** temps.	Il n'a **pas de** temps.
Il a **de l'** argent.	Il n'a **pas d'** argent.
Il a **de la** fortune.	Il n'a **pas de** fortune.
Il a **des** relations.	Il n'a **pas de** relations.
Il a **des** amis.	Il n'a **pas d'** amis.

Dans ces phrases, *temps, argent, fortune, relations,* et *amis* sont compléments d'objet direct du verbe (*il a*).

Notez que, après une construction verbale négative (*il n'a pas*), on trouve *de* (ou *d'*) et non *du, de la,* ou *des* devant le complément d'objet direct.

⌔ 8.11 Activation orale: *De après négation*

Répondez selon l'exemple.

Exemple:
Vous entendez: 1. Vous avez du courage!
Vous dites: Oh, non, je n'ai pas de courage!

Continuez oralement avec l'enregistrement.

⌔ 8.12 Activation orale: *De après négation*

Répondez selon l'exemple.

Exemple:
Vous entendez: 1. Est-ce que l'oncle Guillaume a des enfants?
Vous répondez: Non, il n'a pas d'enfants.

Continuez oralement avec l'enregistrement.

⌔ 8.13 Activation orale: *Du, de la, de l', des, pas de*

Répondez selon les données de l'histoire.

Exemples:
Vous entendez: 1. Est-ce qu'Henri Pothier a des enfants?
Vous répondez: Oui, il a des enfants.

Vous entendez: 2. Est-ce que Paulette Belleau a des enfants?
Vous répondez: Non, elle n'a pas d'enfants.

Continuez oralement avec l'enregistrement.

8.14 Activation écrite: *Du, de la, de l', des;* verbe *avoir*

Complétez les réponses aux questions suivantes.

1. Est-ce que vous avez du courage?

   Mais oui, _____!

2. Est-ce que Jean-Luc a du courage?

   Lui? Non, il _____.

3. Est-ce que vous avez du travail?

   Moi? Non, je _____.

4. Est-ce que Mireille a du travail?

   Oui, _____.

5. Est-ce que l'oncle Guillaume a de l'argent?

   Oh, oui! Il _____; il a _____ fortune.

6. Et la tante Georgette, est-ce qu'elle a de l'argent, elle?

   Non, elle _____; elle _____ fortune.

7. Est-ce que l'oncle Guillaume a des relations?

   Bien sûr, il _____ puisqu'il _____ fortune!

8. Est-ce que la tante Georgette a des relations?

   Non, _____ puisqu'elle _____ fortune.

9. Est-ce que Mireille a des cousins?

   Oui, _____.

10. Est-ce que Mireille a des frères?

    Non, _____.

11. Est-ce que Robert va avoir des complexes?

    Oui! Robert va sûrement _____ complexes.

12. Et vous? Vous avez des complexes?

    Moi? Non, je _____ complexes.

8.15 Observation: Possessifs, 1ère personne du singulier; *mon, ma,*

masculin singulier
J'ai un cousin.   **Mon** cousin est très sympathique.

féminin singulier
J'ai une cousine.   **Ma** cousine est très sympathique.   J'ai une arrière-grand-mère.   **Mon** arrière-grand-mère est très gentille.

masculin et féminin pluriels
J'ai des cousins et des cousines.   **Mes** cousins et   **mes** cousines sont très gentils.

Notez que les possessifs de la 1ère personne du singulier (*mon, ma, mes*) commencent par m-, comme les pronoms me et *moi*.

On trouve *mon* devant un masculin singulier (*mon cousin*), *mon* devant un féminin singulier commençant par une voyelle (*mon arrière-grand-mère*), *ma* devant un féminin singulier commençant par une consonne (*ma cousine*), et *mes* devant un masculin (*mes cousins*) ou un féminin pluriel (*mes cousines*).

♫ 8.16 Activation orale: Possessifs; *mon, ma, mes*

Regardez l'arbre généalogique de Mireille. Vous êtes Mireille. Répondez selon l'exemple.

Exemple:
Vous entendez: 1. Qui est Cécile?
Vous répondez: C'est ma soeur.

Continuez oralement avec l'enregistrement.

8.17 Observation: Possessifs, 2ème personne du singulier; *ton, ta, tes*

masculin singulier
Tu as un cousin?   **Ton** cousin est sympathique?

féminin singulier
Tu as une cousine?   **Ta** cousine est sympathique?   Tu as une arrière-grand-mère?   **Ton** arrière-grand-mère est sympathique?

masculin et féminin pluriels
Tu as des cousins et des cousines?   **Tes** cousins et   **tes** cousines sont sympathiques?

Notez que les possessifs de la 2ème personne du singulier commencent par *t-* (*ton, ta, tes*), comme les pronoms *tu, te,* et *toi.*

Les trois formes de la 2ème personne du singulier (*ton, ta, tes*) sont parallèles aux trois formes de la 1ère personne du singulier (*mon, ma, mes*).

Devant un féminin singulier commençant par une voyelle, on trouve *ton* et non *ta.*

8.18 Activation orale: Possessifs; *ton, ta, tes*

Regardez l'arbre généalogique de Mireille. C'est Mireille qui parle. Vous lui répondez familièrement.

Exemple:
Mireille dit: 1. Qui est Cécile?
Et vous répondez à Mireille:
    (Eh bien,) c'est ta soeur!

Continuez oralement avec l'enregistrement.

8.19 Observation: Possessifs, 3ème personne du singulier; *son, sa, ses*

masculin singulier
Robert a un cousin.   **Son** cousin est très sympathique.   Mireille a un cousin.   **Son** cousin est très sympathique.

féminin singulier
Robert a une cousine.   **Sa** cousine est très sympathique.   Mireille a une cousine.   **Sa** cousine est très sympathique.   Robert a une arrière-grand-mère.   **Son** arrière-grand-mère est sympathique.   Mireille a une arrière-grand-mère.   **Son** arrière-grand-mère est sympathique.

masculin et féminin pluriels
Robert a des cousines.   **Ses** cousines sont très sympathiques.   Mireille a des cousins.   **Ses** cousins sont très sympathiques.

⚙ 8.20 Activation orale: Possessifs; *son, sa, ses*

Regardez l'arbre généalogique de Mireille. Nous parlons de Mireille. Répondez selon l'exemple.

Exemple:
Vous entendez: 1. Qui est Anatole Belleau?
Vous répondez: C'est son grand-père.

Continuez oralement avec l'enregistrement.

8.21 Observation: Tableau récapitulatif

	masculin singulier	*féminin singulier*		*masculin et féminin pluriels*
		devant consonne	*devant voyelle*	
1ère personne	mon	ma	mon	mes
2ème personne	ton	ta	ton	tes
3ème personne	son	sa	son	ses

8.22 Activation écrite: Possessifs; *mon, ton, son, ma, ta, sa, mes, tes, ses*

A. Complétez les réponses aux questions suivantes.

1. Patrick, c'est ton cousin?

   Oui, c'est _____.

2. Sophie, c'est ta cousine?

   Oui, c'est _____.

3. Paulette Belleau, c'est la grand-mère de Mireille?

   Non, c'est _____.

4. Jeanne Belleau, c'est la tante de Mireille?

   Non, c'est _____.

5. Guillaume Belleau, c'est le grand-père de Mireille?

   Mais non, c'est _____.

6. Lucie Giraud, c'est la grand-mère de Mireille?

   Non, c'est _____.

7. Anatole et Jeanne Belleau, ce sont les parents de Mireille?

   Non, ce sont _____.

B. Donnez les réponses de Mireille aux questions suivantes.

8. Arlette, c'est ta grand-mère?

   _____.

9. Georges Belleau, c'est ton grand-père?

   _____.

10. Guillaume Belleau, c'est ton grand-père?

    _____.

11. Eugénie Daubois, c'est ta grand-mère?

    Non, c'est _____.

12. Yvonne et Sophie, ce sont tes soeurs?

    Non, ce sont _____.

13. Est-ce que tu aimes ta cousine Sophie?

    Non, je n'aime pas beaucoup _____ cousine Sophie.

14. Est-ce que tu aimes ton cousin Georges?

    Oh, oui, j'adore _____ cousin Georges!

8.23 Observation: Questions sur l'identité des choses et des personnes

	choses	*personnes*
1	C'est quoi?	C'est qui? Qui c'est?
2	Qu'est-ce que c'est?	Qui est-ce que c'est?
3	(Qu'est-ce?)	Qui est-ce?

C'est quoi? Qu'est-ce que c'est? et *(Qu'est-ce?)* sont des phrases interrogatives utilisées pour poser une question sur l'identité d'une chose.

C'est qui? Qui c'est? Qui est-ce que c'est? et *Qui est-ce?* sont des phrases interrogatives utilisées pour poser des questions sur l'identité d'une personne.

Pour les esprits curieux et exigeants:

Ces différentes phrases ont la même valeur interrogative mais elles correspondent à trois niveaux d'expression différents. Les phrases (1) *C'est quoi? C'est qui?* et *Qui c'est?* correspondent à un niveau très familier. Les phrases (2) *Qu'est-ce que c'est?* et *Qui est-ce que c'est?* correspondent à un niveau moyen. Les phrases (3) *(Qu'est-ce?)* et *Qui est-ce?* correspondent à un niveau plus élevé. Nous avons mis *Qu'est-ce?* entre parenthèses pour indiquer que cette phrase est très peu utilisée. Elle dénote une certaine affectation.

⚬ 8.24 Activation orale: Questions sur l'identité

Vous allez entendre des phrases affirmatives où il s'agit d'une chose ou d'une personne. Après chaque phrase vous allez formuler une question ("Qu'est-ce que c'est?" ou "Qui est-ce que c'est?") comme si vous n'aviez pas très bien compris la phrase.

Exemples:
Vous entendez: 1. Ça, c'est mon frère.
Vous répondez: Qui est-ce que c'est?

Vous entendez: 2. Ça, c'est une maison en Bretagne.
Vous répondez: Qu'est-ce que c'est?

Continuez oralement avec l'enregistrement.

⚬ 8.25 Activation orale: Dialogue entre Mireille et Jean-Denis

Vous allez entendre un dialogue entre Mireille et Jean-Denis. Ecoutez attentivement. Vous allez apprendre les réponses de Mireille.

MIREILLE: Ça, c'est Sophie, ma cousine....
JEAN-DENIS: Ah oui, la soeur de Philippe?
MIREILLE: **C'est ça!**
JEAN-DENIS: Ah oui? Et comment est-elle? Elle est sympathique?
MIREILLE: **Ouais...enfin.... Elle est gentille... mais je préfère mes cousins Belleau, surtout Georges.**

JEAN-DENIS: Elle n'est pas mal, ta cousine! Elle a quel âge?
MIREILLE: **Elle a dix-sept ans...et un sale caractère, je te préviens!**

Libération de l'expression

8.26 Mots en liberté

Qu'est-ce qu'on peut avoir?

On peut avoir vingt-trois frères, les cheveux roux, le temps, quarante-trois ans, une nièce agaçante, un grand-oncle malade, bon caractère....

Trouvez encore au moins huit possibilités.

Qu'est-ce qui est fatigant?

La natation est fatigante, les loisirs peuvent être fatigants....

Trouvez encore au moins trois possibilités.

8.27 Mise en scène et réinvention de l'histoire

A. Imaginez que vous êtes Mireille. Un ami vous pose des questions sur votre famille. Vous répondez. Vous pouvez imaginer une famille différente de celle de l'histoire.

—As-tu des frères, des soeurs? Combien?

—As-tu des cousins, des cousines? Combien?

—Quel âge ont tes soeurs, tes frères, tes cousins et cousines?

—Tes frères, tes soeurs sont-ils mariés, divorcés, veufs?

—Est-ce que ton père travaille? Où? Et ta mère?

—Est-ce que tu as encore tes grands-parents?

—Combien d'oncles et de tantes as-tu?

—Comment est ta cousine Sophie?

—Qui est-ce que tu préfères, ton Oncle Guillaume ou ta Tante Georgette? Pourquoi?

B. Faites le portrait de votre famille: Votre père a quel âge? Et votre mère? Est-ce que vous avez des frères et des soeurs? Des enfants? Est-ce qu'ils/elles vous ressemblent? Comment sont-ils au moral? Vos parents ou grands-parents sont-ils morts? En quelle année?

8.28 Mise en scène et réinvention de l'histoire

Imaginez que Mireille a eu un accident, et qu'elle est maintenant amnésique. Elle est à l'hôpital, et vous lui rendez visite. Vous pouvez réinventer sa famille (ou inventer une nouvelle famille) pour elle.

VOUS:
Bonjour, Mireille. Ça va?

MIREILLE:
Bof! Ça ne va pas fort. Qui êtes-vous?

VOUS:
Je suis ton ami(e) X!

MIREILLE:
Ce n'est pas vous, Cécile?

VOUS:

Mais non, Cécile, c'est ta | cousine.
| mère.
| chatte.

MIREILLE:
Alors, Madeleine, c'est qui?

VOUS:

Madeleine, c'est ta | soeur.
| grand-mère.
| mère.

Elle travaille | à la Faculté.
| à la Bibliothèque Nationale.
| au Ministère de la Santé.
| au Brésil.

MIREILLE:
Et mon père, c'est qui?

VOUS:

Ton père, c'est | François Pothier.
| François Belleau.
| François Mitterand.
| Victor Hugo.

Tes parents sont | morts à la guerre.
| divorcés.
| très sympathiques.
| morts dans l'accident.

MIREILLE:
Et moi, est-ce que je suis mariée?

VOUS:

| Oui, | tu es | mariée.
| Non, | tu n'es pas | célibataire.

| Tu as | deux | frères.
| Tu n'as pas | trois | soeurs.
	cinq
	douze
	de

Tes soeurs sont | Marie-Laure Belleau.
| Marie-France Pisier.
| Jeanne d'Arc.
| Cécile Belleau.

Elles sont très
| grandes.
| gentilles.
| moqueuses.
| sympathiques.
| méchantes.

Voilà pour aujourd'hui, Mireille. Tu es très fatiguée. A demain.

Exercices-tests

ᖴ 8.29 Exercice-test: Numération

Ecrivez les dates que vous entendez.

1. Couronnement de Charlemagne: _____

2. Bataille de Bouvines: _____

3. Edit de Nantes: _____

4. Révocation de l'Edit de Nantes: _____

5. Révolution française: _____

Vérifiez. Si vous avez fait des fautes, travaillez les sections 8.6 à 8.8 dans votre cahier d'exercices.

8.30 Exercice-test: *Du, de la, des, pas de*; verbe *avoir*

Complétez les réponses aux questions suivantes.

1. Les parents de Robert sont riches?

   Oui, ils _____ argent.

2. Tante Georgette est riche?

   Non, elle _____ argent.

3. Vous travaillez?

   Non! Nous _____ temps et

   _____ loisirs!

4. Tu as de la fortune; mais est-ce que tu as des amis?

   Oui, bien sûr! J'_____ puisque

   j'_____ fortune!

Vérifiez. Si vous avez fait des fautes, travaillez les sections 8.9 à 8.14 dans votre cahier d'exercices.

8.31 Exercice-test: Possessifs *son, sa, ses*

Complétez.

M. de Pinot-Chambrun est très sympathique. _____ enfants aussi. _____ fils Hubert est étudiant à la Sorbonne. _____ fille Diane est ingénieur chez Peugeot. Diane adore _____ parents et _____ petit frère Hubert. Mais elle déteste le chien de _____ mère, Fifi de la Croquette, un chien particulièrement agaçant et fatigant.

Vérifiez. Si vous avez fait des fautes, travaillez les sections 8.19 à 8.22 dans votre cahier d'exercices.

Leçon 9

⌇ 9.1 Mise en oeuvre

Ecoutez le texte et la mise en oeuvre dans l'enregistrement sonore. Répétez et répondez suivant les indications.

⌇ 9.2 Compréhension auditive

Phase 1: Regardez les images et répétez les phrases que vous entendez.

Phase 2: Regardez les images 1,2,3,4,5, et 6. Vous allez entendre des phrases identifiées par les lettres A,B,C,D,E, et F. Chaque phrase correspond à une image. Ecrivez la lettre de la phrase que vous entendez sous l'image qui lui correspond le mieux.

1 ___

2 ___

3 ___

4 ___

5 ___

6 ___

♙ 9.3 Production orale

Ecoutez les dialogues suivants. Dans chaque dialogue vous allez jouer le rôle d'un des personnages. Vous allez entendre chaque dialogue en entier une fois. Puis vous allez jouer le rôle du personnage indiqué.

Exemple: 1. (Mireille et Cécile) Vous allez être Cécile.
Ecoutez le dialogue entre Mireille et Cécile.

> MIREILLE: Ça, c'est bien notre chance! Ça fait trois jours qu'il pleut! Ah, elle est belle, votre Bretagne!
> CÉCILE: Oui, c'est mortel, la mer, quand il pleut. Il n'y a rien à faire.

Maintenant à vous. Vous êtes Cécile. Vous entendez:

> MIREILLE: Ça, c'est bien notre chance! Ça fait trois jours qu'il pleut! Ah, elle est belle votre Bretagne!

Vous dites: Oui, c'est mortel, la mer, quand il pleut. Il n'y a rien à faire.

2.	(Georges et Yvonne)	Vous allez être Yvonne.
3.	(Mireille et Cécile)	Vous allez être Cécile.
4.	(Georges et Yvonne)	Vous allez être Yvonne.
5.	(Georges et Marie-Laure)	Vous allez être Marie-Laure.
6.	(Mireille et Marie-Laure)	Vous allez être Marie-Laure.

♙ 9.4 Compréhension auditive et production orale

Ecoutez les dialogues suivants. Après chaque dialogue, vous allez entendre une question. Répondez à la question.

Exemple: 1. Quel temps fait-il?
Vous entendez: Ça, c'est bien notre chance. Ça fait trois jours qu'il pleut! Ah, elle est belle, votre Bretagne!
Et puis vous entendez la question: Quel temps fait-il?
Et vous répondez: Il pleut.

2. Pourquoi est-ce que c'est mortel, la mer, quand il pleut?
3. A quels jeux de cartes peut-on jouer?
4. Comment est-ce qu'on joue aux portraits?
5. Qu'est-ce qu'il aime, Tonton Guillaume?
6. Est-ce que Marie-Laure veut aller chercher le goûter?

Préparation à la communication

♙ 9.5 Observation: Prononciation; /ɔ/-/o/ *(notre / nos)*

Ecoutez.

notre / nos
votre / vos

Notez que le *o* de *notre* et *votre* représente un son différent du *o* dans *nos* et *vos*. Dans *notre* et *votre*, la voyelle est plus ouverte (la bouche est plus ouverte). Elle est plus fermée dans *nos* et *vos* (la bouche est plus fermée, la tension dans les lèvres est plus grande, les lèvres sont plus en avant).

♙ 9.6 Activation orale: Prononciation; *notre / nos*

Ecoutez et répétez.

notre	Georges	mortel	personne	n'importe
votre	pelote	portrait	Yvonne	sportif
poker	gros	solide	beau	robuste
plutôt	aux	hauteur	saut	dommage

9.7 Observation: Le temps qui passe; présent duratif; *il y a... que, ça fait... que*

Ça, c'est moi, il y a dix ans.

Il y a dix ans se réfère au passé. Observez.

il y a / ça fait	*indication de temps*	que	*verbe au présent*
Il y a	trois jours	**qu'**	il **pleut**.
Il y a	huit jours	**que**	nous **sommes** là.
Ça fait	trois jours	**qu'**	il **pleut**.
Ça fait	huit jours	**que**	nous **sommes** là.

Il y a ou *ça fait* + une indication de temps + *que* + un verbe au présent indique une action qui s'étend sur le passé et qui dure encore au présent.

passé		présent	
jour 1	jour 2	jour 3	

Ça   fait   trois   jours   qu'il   pleut.

9.8 Activation orale: Le temps qui passe; *il y a... que*

Répondez selon l'exemple.

Exemple:
Vous voyez: 1. ...45 ans.
Vous entendez: La grand-tante
Amélie est veuve?
Vous répondez: Oui, il y a 45 ans
qu'elle est veuve.

2. ...25 ans.
3. ...15 ans.
4. ...25 ans.
5. ... 1 an.
6. ... 2 ans.
7. ... 3 jours.

9.9 Activation orale: Le temps qui passe; *ça fait... que*

Répondez selon l'exemple.

Exemple:
Vous voyez: 1. ...45 ans.
Vous entendez: La grand-tante
Amélie est veuve?
Vous répondez: Oui, ça fait 45 ans
qu'elle est veuve.

2. ...10 ans.
3. ...5 ans.
4. ...9 ans.
5. ...4 ans.
6. ...2 heures.

9.10 Observation: Formes masculines et féminines (révision et extension)

masculin	*féminin*	*masculin*	*féminin*	*masculin*	*féminin*
fin cousin malin gamin	fine cousine maline gamine	fier premier	fière première	beau mortel	belle mortelle
sérieux généreux ennuyeux creux	sérieuse généreuse ennuyeuse creuse	blanc frais	blanche fraîche	sourd	sourde

Notez que le *r* de *fier* (masculin) est prononcé.

⌒ 9.11 Activation orale: Formes masculines et féminines

Mettez au féminin selon l'exemple.

Exemple: Vous entendez: 1. Il n'est pas idiot, mais il n'est pas très fin, non plus!
Vous dites: Elle n'est pas idiote, mais elle n'est pas très fine, non plus!

2. Son cousin est un sale gamin.
3. Il n'est pas très malin.
4. Son frère est très généreux.
5. Il est très sérieux.

6. Un peu ennuyeux aussi.
7. Il est très fier parce qu'il est toujours le premier.
8. Il n'est pas très frais!

9. Ah, tu n'es pas beau!
10. Tu es sourd, ou quoi?

9.12 Observation: Possessifs; *notre, votre, leur, nos, vos, leurs*

première personne du pluriel	*masculin et féminin singuliers*
	Nous avons un cousin et une cousine. **Notre** cousin est très sympathique. **Notre** cousine est très jolie.
	masculin et féminin pluriels
	Nous avons des cousins et des cousines. **Nos** cousins sont très sympathiques. **Nos** cousines aussi.
deuxième personne du pluriel	*masculin et féminin singuliers*
	Vous avez un cousin? Une cousine? **Votre** cousin est sympathique? Et **votre** cousine?
	masculin et féminin pluriels
	Vous avez des cousins et des cousines? **Vos** cousins sont sympathiques? Et **vos** cousines?
troisième personne du pluriel	*masculin et féminin singuliers*
	Ils ont un cousin et une cousine. **Leur** cousin est très sympathique. **Leur** cousine aussi.
	masculin et féminin pluriels
	Ils ont des cousins et des cousines. **Leurs** cousins sont très sympathiques. **Leurs** cousines aussi.

⏴ 9.13 Activation orale: Possessifs; *notre, votre, leur, nos, vos, leurs*

Transformez selon l'exemple.

Exemple:
Vous entendez: 1. Nous avons des soeurs. Elles sont mariées.
Vous dites: Nos soeurs sont mariées.

Continuez oralement avec l'enregistrement.

9.14 Observation: Possessifs; tableau récapitulatif

personnes du singulier	masculin singulier	féminin singulier		masculin et féminin pluriels
		devant consonne	*devant voyelle*	
1ère	mon	ma	mon	mes
2ème	ton	ta	ton	tes
3ème	son	sa	son	ses
personnes du pluriel	masculin et féminin singuliers			masculin et féminin pluriels
1ère	notre			nos
2ème	votre			vos
3ème	leur			leurs

⏴ 9.15 Activation orale: Possessifs; personnes du singulier et du pluriel

Transformez selon l'exemple.

Exemple:
Vous entendez: 1. Vous jouez à un jeu idiot.
Vous dites: Votre jeu est idiot.

Continuez oralement avec l'enregistrement.

⏴ 9.16 Activation orale: Possessifs; personnes du singulier et du pluriel

Transformez selon l'exemple.

Exemple:
Vous entendez: 1. Mon frère a une amie anglaise.
Vous dites: Je n'aime pas son amie anglaise.

Continuez oralement avec l'enregistrement.

⏴ 9.17 Activation orale et écrite: Possessifs; personnes du singulier et du pluriel

Transformez selon l'exemple.

Exemple: 1. _____ père est très indulgent.
Vous entendez: 1. Vous avez un père très indulgent.
Vous dites: Votre père est très indulgent.
Vous écrivez: <u>Votre</u>.

2. _____ mère est très indulgente.

3. _____ père est très distingué.

4. _____ parents sont très distingués.

5. _____ mère est très distinguée.

6. _____ grand-père est sourd.

7. _____ parents sont généreux.

8. _____ soeur est très sympathique.

9. _____ soeurs sont très sympathiques.   11. _____ oncle est très généreux.

10. _____ cousines sont agaçantes.

9.18 Observation: Destination, attribution, jeu; *à la, à l', au, aux*

destination	*attribution*	*jeu*
Elle va **à la** fac.	Donnons un prénom **à la** jeune fille.	Jouons **à la** belote.
Ella va **à l'** aéroport.	Donnons un prénom **à l'** étudiante.	Jouons **à l'** écarté.
Elle va **au** restau-U.	Donnons un prénom **au** jeune homme.	Jouons **au** loto.
Elle va **aux** Antilles.	Donnons un prénom **aux** jeunes gens.	Jouons **aux** échecs.

Notez que *au* remplace *à* + l'article *le*. Cependant nous avons *à l'* devant un singulier commençant par une voyelle. Notez que *aux* remplace *à* + l'article *les*. Devant une voyelle le *x* de *aux* se prononce /z/. Il y a liaison: *aux /z/échecs.*

⚲ 9.19 Activation orale: Attribution; *à la, à l', au, aux*

Transformez selon l'exemple.

Exemple:
Vous entendez: 1. Les jeunes gens n'ont pas de famille.
Vous dites: Donnons une famille aux jeunes gens.

Continuez oralement avec l'enregistrement.

⚲ 9.20 Activation orale: Jeu; *à la, à l', au, aux*

Transformez selon l'exemple.

Exemple:
Vous entendez: 1. Moi, j'adore la pelote basque.
Vous dites: Bon, d'accord, jouons à la pelote basque.

Continuez oralement avec l'enregistrement.

9.21 Observation: *Faire du sport / jouer à un jeu*

activités		*jeux*	
Mireille	**fait du** ski.	**Jouons**	**au** loto.
Elle	**fait de la** natation.	Ils **jouent**	**à la** belote.
Elle	**fait de l'** escrime.	**Jouons**	**aux** dames.

Le ski, la natation, et l'escrime sont des activités, des sports, mais ce ne sont pas des jeux. Avec les activités, on utilise le verbe *faire* et *du, de la, de l'*, ou *des*. Le loto, la belote, et les dames sont des jeux mais ce ne sont pas des sports. Avec les jeux, on utilise le verbe *jouer* et *au, à la, à l'* ou *aux*. Notez que le tennis est une activité, un sport. On dit: Mireille fait du tennis. Mais le tennis est aussi un jeu, avec des règles. On dit aussi: Mireille joue au tennis.

⚲ 9.22 Activation orale: *Faire du sport / jouer à un jeu*

Répondez selon les exemples. Utilisez *jouer* toutes les fois que c'est possible.

Exemples:
Vous entendez: 1. Vous aimez le tennis?
Vous répondez: Oui, je joue au tennis. (*Parce que le tennis est un jeu.*)

Vous entendez: 2. Vous aimez l'alpinisme?
Vous répondez: Oui, je fais de l'alpinisme. (*Parce que l'alpinisme n'est pas un jeu.*)

Continuez oralement avec l'enregistrement.

9.23 Activation écrite: *À la, à l', au*

Complétez.

1. Mireille apprend l'italien. Elle étudie l'italien

   _____ université.

2. Ousmane va _____ bibliothèque pour travailler.

3. Marc et Catherine vont manger _____ restau-U.

4. Robert est _____ aéroport.

5. Maintenant il est _____ douane.

6. L'ami brésilien de Robert va _____ maison

   brésilienne.

7. Robert ne va pas _____ Cité Universitaire.

8. Il va _____ Quartier Latin.

9.24 Observation: Pronoms personnels accentués (ou disjonctifs)

pronoms accentués			
Je trouve ça idiot, **moi!**	**Moi,** je trouve ça idiot.	**Moi** aussi!	A **moi!**
Tu trouves ça idiot, **toi?**	**Toi,** tu trouves ça idiot?	**Toi** aussi!	A **toi!**
Il trouve ça idiot, **lui.**	**Lui,** il trouve ça idiot.	**Lui** aussi!	A **lui!**
Elle trouve ça idiot, **elle.**	**Elle,** elle trouve ça idiot.	**Elle** aussi!	A **elle!**
Nous trouvons ça idiot, **nous.**	**Nous,** nous trouvons ça idiot.	**Nous** aussi!	A **nous!**
Vous trouvez ça idiot, **vous?**	**Vous,** vous trouvez ça idiot?	**Vous** aussi!	A **vous!**
Ils trouvent ça idiot, **eux!**	**Eux,** ils trouvent ça idiot.	**Eux** aussi!	A **eux!**
Elles trouvent ça idiot, **elles!**	**Elles,** elles trouvent ça idiot!	**Elles** aussi!	A **elles!**

Notez que les pronoms *moi, toi, lui, elle, nous, vous, eux,* et *elles* sont utilisés:

a. avant les pronoms sujets (*je, tu, il, elle, nous, vous, ils,* et *elles*)

b. à la fin de la phrase

c. sans verbe (*moi aussi*)

d. après une préposition (*à moi, après moi, avec moi, sans moi, pour moi...*)

Dans les cas a et b, ce sont visiblement des pronoms **emphatiques:** ils indiquent l'insistance.

⌕ 9.25 Activation orale: Pronoms accentués

Ecoutez et répondez selon l'exemple.

Exemple:

Vous entendez: 1. Georges va faire le portrait suivant.

Vous dites: C'est à lui!

Continuez oralement avec l'enregistrement.

9.26 Observation: *Quelqu'un, une personne*

	masculin	féminin
Un monsieur...	c'est **quelqu'un,**	c'est **une personne.**
Une dame...	c'est **quelqu'un,**	c'est **une personne.**
Un jeune homme...	c'est **quelqu'un,**	c'est **une personne.**
Une jeune fille...	c'est **quelqu'un,**	c'est **une personne.**

Notez que *quelqu'un* est toujours masculin, même si *quelqu'un* représente une personne du sexe féminin (*une dame, une jeune fille*).

Notez qu'on dit *une personne,* au féminin, même quand on parle d'une personne du sexe masculin (*un monsieur, un jeune homme*).

9.27 Observation: *Quelqu'un, une personne, des personnes*

singulier	Il y a **quelqu'un,** il y a **une** **personne.**
pluriel	Il y a **deux** **personnes.** Il y a **trente** **personnes.**

9.28 Observation: *Quelqu'un, personne*

Observez.

positif	Il y a quelqu'un.
négatif	Il n'y a personne.

	ne	*verbe*	**personne**
Il	**n'** y	a	**personne.**
Je	**ne**	vois	**personne.**

Personne est utilisé avec *ne* pour former des phrases négatives. *Ne* est placé devant le verbe. *Personne* est placé après le verbe.

᪥ 9.29 Activation orale: *Quelqu'un, personne*

Répondez selon les exemples.

Exemples:
Vous entendez: 1. Il y a quelqu'un?
Vous voyez: (1)
Vous répondez: Oui, il y a quelqu'un.

Vous entendez: 2. Vous voyez quelqu'un?
Vous voyez: (3)
Vous répondez: Oui, je vois trois personnes.

Vous entendez: 3. Vous voyez quelqu'un?
Vous voyez: (0)
Vous répondez: Non, je ne vois personne.

4. (0)
5. (4)
6. (1)
7. (3)
8. (0)
9. (2)

9.30 Observation: *Pleuvoir; pleurer*

"Il pleure dans mon coeur comme il pleut sur la ville," comme disait Verlaine.

pleuvoir	**pleurer**	
il pleut	je	pleure
	tu	pleures
	elle	pleure
	il	pleure
	nous	pleurons
	vous	pleurez
	ils	pleurent

Pleurer est un verbe en *-er*, tout à fait régulier. *Pleuvoir* n'est utilisé qu'à la 3ème personne du singulier. Dans *il pleut, il* ne représente aucun nom particulier; c'est un pronom **impersonnel,** comme dans *il faut.*

9.31 Activation écrite: *Pleuvoir / pleurer*

Complétez avec la forme convenable de *pleuvoir* ou *pleurer*.

1. Qu'est-ce qu'il y a? Pourquoi tu _____?

2. Voyons, Marie-Laure, tu ne vas pas encore

    _____!

3. —Il fait beau?

    —Non, il _____.

4. Allons, Marie-Laure, ne _____ pas, ce n'est

    pas grave.

5. Ah! Quel sale temps! Ça fait trois jours qu'il

    _____.

6. —Pourquoi _____-vous?

    —Nous _____ parce qu'il ne reste plus de

    petits pains au chocolat!

7. Ah, ce sale gamin! Ce qu'il peut être agaçant! Ça fait

    trois heures qu'il _____.

9.32 Observation: *Il reste; il en reste*

en		
— Il reste des	galettes?	
—Oui, il reste **des**	**galettes.**	
—Oui, il **en** reste.		
—Oui, il reste **deux**	**galettes.**	
—Oui, il **en** reste deux.		

Notez que dans ces phrases *il* ne représente aucun nom en particulier; c'est une sorte de pronom **impersonnel,** comme dans *il faut,* ou *il pleut.* Notez que *en* représente *des galettes. En* fonctionne comme une sorte de **pronom partitif.**

9.33 Observation: *Il ne reste pas de, il n'en reste pas*

en		
—Il reste	**des galettes?**	
—Non, il ne reste pas	**de galettes.**	
—Non, il n' **en** reste pas.		
—Non, il n' **en** reste plus.		

9.34 Activation orale: Dialogue entre Georges et Yvonne

Vous allez entendre une conversation entre Georges et Yvonne. Ecoutez attentivement. Vous allez apprendre les réponses d'Yvonne.

GEORGES: Qui est-ce qui commence? Allez, à toi, Yvonne; tu commences.

YVONNE: **Non, pas moi ... je n'ai pas d'idée. ...**

GEORGES: Mais si, voyons! Ce n'est pas difficile! Tu prends quelqu'un de la famille, n'importe qui. ...

YVONNE: **Attends ... je cherche. ... Voyons. ... Ah, ça y est! Je sais!**

Libération de l'expression

9.35 Mots en liberté

Qu'est-ce qu'on peut faire quand on est en vacances?

On peut aller en Afrique, à la mer, faire du deltaplane, jouer à la belote, pleurer quand il pleut....

Trouvez encore huit possibilités.

9.36 Mise en scène et réinvention de l'histoire

Vous êtes en vacances en Bretagne. Imaginez ce que vous allez faire. Vous pouvez utiliser les suggestions suivantes.

Vous allez faire
- de la voile.
- de la planche à voile.
- du ski nautique.
- de la natation.
- du karaté.
- du canoë.
- du kayak.
- de l'escalade.
- la sieste.
- du patin à roulettes.
- du surfing.

Vous allez jouer
- au ballon.
- au hand.
- à la pelote basque.
- au golf.
- au tennis.
- au volley.
- au basket.
- aux cartes.
- à la belote.
- à l'écarté.
- au bridge.
- au poker.
- aux échecs.
- aux dames.
- aux portraits.

Vous allez aller
- au restaurant.
- à la fac.
- à la bibliothèque.
- à l'aéroport.
- aux Antilles.
- en Afrique.
- en Belgique.
- en Suisse pour manger du chocolat.
- au cinéma quand il pleut.

Vous allez louer
- un vélo.
- une voiture.
- une moto.
- une télé.

Vous allez manger
- des pains aux raisins.
- des pains au chocolat.
- des galettes bretonnes.
- des galettes basques.

Vous allez
- promener le chien
- travailler
- goûter
- raconter une histoire à Fido

parce que / qu'
- il pleut.
- vous êtes fatigué.
- vous n'avez pas le temps.
- vous n'avez pas d'idées.
- vous n'aimez pas...
- vous préférez...

c'est
- ennuyeux.
- mortel.
- trop compliqué.
- trop facile.
- trop difficile.
- embêtant.
- trop délicat.
- amusant.
- utile.

Ou bien, vous allez jouer aux portraits avec Fido.

9.37 Mise en scène et réinvention de l'histoire

Ecoutez la conversation avec Fido dans l'enregistrement sonore.

Exercices-tests

9.38 Exercice-test: Possessifs

Complétez selon l'exemple.

Exemple:
Vous voyez: Mireille a une mère très sympathique.
Vous écrivez: <u>Sa</u> mère est très sympathique.

1. Mireille a un cousin très sympathique.

_____ cousin est très sympathique.

2. Elle a une arrière-grand-mère très gentille.

_____ arrière-grand-mère est très gentille.

3. Elle a des soeurs très sympathiques.

_____ soeurs sont très sympathiques.

4. Elle a des parents très sympathiques.

_____ parents sont très sympathiques.

5. Nous avons des parents très sympathiques.

_____ parents sont très sympathiques.

6. Vous avez un frère très sympathique.

_____ frère est très sympathique.

7. J'ai une soeur très sympathique.

_____ soeur est très sympathique.

8. Tu as un fils très agaçant.

_____ fils est très agaçant.

9. Les Belleau ont une fille très sympathique.

_____ fille est très sympathique.

10. Ils ont des enfants charmants.

_____ enfants sont charmants.

Vérifiez. Si vous avez fait des fautes, travaillez les sections 9.12 à 9.17 dans votre cahier d'exercices.

9.39 Exercice-test: *Jouer à un jeu / faire du sport*

Complétez les réponses aux questions suivantes. Utilisez *jouer* chaque fois que possible.

1. Cécile aime la natation?

Oui, elle _____ natation.

2. Tu aimes l'alpinisme?

Oui, je _____ alpinisme.

3. Mireille aime le ski?

Oui, elle _____ ski.

4. Vous aimez le poker?

Oui, nous _____ poker.

5. Vous aimez les échecs?

Oui, je _____ échecs.

Vérifiez. Si vous avez fait des fautes, travaillez les sections 9.21 et 9.22 dans votre cahier d'exercices.

9.40 Exercice-test: Pronoms accentués

Complétez selon l'exemple.

Exemple:
Vous voyez: Vous allez au cinéma? Et moi?
Vous écrivez: <u>Toi</u> aussi!

1. Je vais au cinéma. Et toi?   _____ aussi.

2. Je vais au cinéma. Et vous deux?   _____ aussi.

3. Robert va au cinéma. Et Mireille?   _____ aussi.

4. Robert va au cinéma. Et Hubert?   _____ aussi.

5. Mireille va au cinéma. Et ses soeurs? _____ aussi.

6. Mireille va au cinéma. Et ses parents?

_____ aussi.

7. Vous allez au cinéma? Et nous?   _____ aussi!

Vérifiez. Si vous avez fait des fautes, travaillez les sections 9.24 et 9.25 dans votre cahier d'exercices.

Leçon 10

🎧 10.1 Mise en oeuvre

Ecoutez le texte et la mise en oeuvre dans l'enregistrement sonore. Répétez et répondez suivant les indications.

🎧 10.2 Compréhension auditive

Phase 1: Regardez les images et répétez les phrases que vous entendez.

Phase 2: Ecrivez la lettre de chaque phrase que vous entendez sous l'image qui lui correspond le mieux.

82

Préparation à la communication

⌒ 10.3 Observation: Prononciation; /ø/ et /œ/ (eux, soeur)

Ecoutez et comparez.

C'est à *eux*.   C'est sa *soeur*.
Elles sont d*eux*.   Elles sont s*eu*les.
C'est p*eu*.   C'est l'h*eu*re.

Le son /ø/ dans *c'est à eux* est différent du son /œ/ dans
c'est sa soeur. Le son /ø/ (*c'est à eux*) est **fermé**. Le son
/œ/ (*c'est sa soeur*) est **ouvert**.

Ecoutez et comparez.

/ø/	/œ/
Ce n'est pas fam*eux*...	mais c'est meill*eur*.
il v*eut*	ils v*eu*lent
à *eux*	sa s*oeur*

Notez que le son /ø/ se trouve dans une syllabe qui se
termine par un son de voyelle (une syllabe **ouverte**) et que
le son /œ/ se trouve dans une syllabe qui se termine par un
son de consonne (une syllabe **fermée**).

⌒ 10.4 Activation orale: Prononciation; /ø/ et /œ/

Ecoutez et répétez.

Ce n'est pas du j*eu*!		A tout à l'h*eu*re.	Il pl*eu*re.
Ils sont d*eux*.	Il est vi*eux*.	Ils sont s*eu*ls.	Elle est v*eu*ve.
les y*eux*		en spectat*eur*	

10.5 Observation: Accord et désaccord

accord	désaccord
1. X: C'est joli! Y: Oui, c'est joli!	3. X: C'est joli! Y: **Non**, ce n'est pas joli!
2. X: Ce n'est pas joli! Y: Non, ce n'est pas joli!	4. X: Ce n'est pas joli! Y: **Si**, c'est joli!

Dans 1 et 2, X et Y sont d'accord. Dans 1, ils sont d'accord
que "c'est joli." Dans 2, ils sont d'accord que "ce n'est pas
joli." Dans 3 et 4, X et Y ne sont pas d'accord. Dans 3, X
dit que "c'est joli" (énoncé positif) mais Y dit que "ce n'est
pas joli." Dans 4, X dit que "ce n'est pas joli" (énoncé
négatif) mais Y dit que "c'est joli." *Si* indique un désaccord
avec un énoncé négatif.

10.6 Observation: Accord et désaccord

accord	désaccord
—Tu viens? —Oui, je viens.	—Tu ne viens pas? —**Si**, je viens!
—Il pleut! —Oui, il pleut.	—Il ne pleut pas! —**Si**, il pleut!
—Ce n'est pas possible. —Non, ce n'est pas possible.	—Ce n'est pas possible.... —**Si**, c'est possible....
	—Oui! —**Non!**
	—Non! —**Si!**

Oui indique un accord avec un énoncé positif. *Non* indique un accord avec un énoncé négatif. *Non* indique un désaccord avec
un énoncé positif. *Si* indique un désaccord avec un énoncé négatif.

∩ 10.7 Activation orale: Accord

Répondez selon les exemples.

Exemples:
Vous entendez: 1. Ça va.
Vous dites: Oui, ça va.

Vous entendez: 2. Ça ne va pas.
Vous dites: Non, ça ne va pas.

Continuez oralement avec
l'enregistrement.

∩ 10.8 Activation orale: Désaccord

Répondez selon les exemples.

Exemples:
Vous entendez: 1. Ça va.
Vous dites: Non, ça ne va pas.

Vous entendez: 2. Ça ne va pas.
Vous dites: Si, ça va!

Continuez oralement avec
l'enregistrement.

10.9 Observation: Deux sortes de temps; temps météorologique et temps chronologique

temps météorologique: le temps qu'il fait	*temps chronologique: le temps qui passe*
—Quel temps! —Il fait beau? —Non, il fait mauvais; il pleut. —Quel temps fait-il? —Il ne fait pas beau temps; il fait mauvais temps.	—Nous n'avons pas le temps, nous sommes pressés. —Quand on n'a rien à faire, le temps passe lentement. —Ils jouent aux portraits pour passer le temps. —Quand on joue, le temps passe vite.

∩ 10.10 Activation: Compréhension auditive; temps météorologique et temps chronologique

Vous allez entendre une série de phrases. Dans chaque phrase, déterminez s'il s'agit du temps météorologique ou du temps chronologique en cochant la case appropriée.

	1	2	3	4	5	6	7
temps météorologique							
temps chronologique							

10.11 Observation: Degrés

degrés	
0.	Il n'est pas vache.
1.	Il est vache.
2.	Il est très vache.
3.	Il n'y a pas plus vache!

10.12 Observation: Comparaisons

elle			lui
lm 62	Elle est beaucoup moins grande que lui.		
lm 68	Elle est moins grande que lui.		
lm 71	Elle est aussi grande que lui.	lm 71
lm 73	Elle est plus grande que lui.		
lm 80	Elle est beaucoup plus grande que lui.		

10.13 Observation: Pronoms personnels accentués (révision et extension)

comparaison

Robert est aussi grand que **Mireille.**
Il est aussi grand qu' **elle.**

Mireille est plus mince que **Robert.**
Elle est plus mince que **lui.**

Les Belleau sont moins riches que **les parents** de Robert.
Ils sont moins riches qu' **eux.**

Les pronoms accentués (toniques, emphatiques, disjonctifs) sont utilisés après *que* dans une comparaison.

10.14 Activation écrite: Pronoms accentués; comparaison

Répondez selon les exemples.

Exemples:
Vous voyez: 1. Je suis plus grand que Robert.
Vous écrivez: Robert est moins grand que moi.

Vous voyez: 2. Elle est moins grande que Robert.
Vous écrivez: Robert est plus grand qu'elle.

Vous voyez: 3. Il est aussi intelligent que Mireille.
Vous écrivez: Mireille est aussi intelligente que lui.

4. Mireille est moins riche que Robert.

   Robert est _____

   _____.

5. Il est plus indulgent que Mireille.

   Elle est _____

   _____.

6. Nous sommes plus sportifs que Mireille.

   Elle est _____

   _____.

7. Les parents de Robert sont plus riches que les parents de Mireille.

   Les parents de Mireille sont _____

   _____.

8. Tu es aussi grand que ton frère?

   Il est _____

   _____?

9. Mireille est plus moqueuse que Robert.

   Il est _____

   _____.

10. Je suis plus sportif que Robert.

    Robert est _____

    _____.

10.15 Observation: Démonstratifs

Ah, qu'il est agaçant, *ce* gamin!

Ce pauvre oncle Victor!

Ça fait deux heures qu'on joue à *ce* jeu idiot!

Qu'est-ce qu'on joue au Ciné-Club *ce* soir?

article	nom	article	nom	article	nom
un	gamin	un	jeu	un	soir
le	gamin	le	jeu	le	soir
ce	gamin	**ce**	jeu	**ce**	soir

Notez que *ce* occupe la même place que les articles *un* et *le* devant le nom. Observez.

			démonstratif	
1. Qu'il	est	agaçant,	**ce**	gamin!
2. Qu'il	est	agaçant,	**ce**	gamin-là!
1. Qu'il	est	agaçant,	**cet**	enfant!
2. Qu'il	est	agaçant,	**cet**	enfant-là!
1. Qu'elle	est	agaçante,	**cette**	gamine!
2. Qu'elle	est	agaçante,	**cette**	gamine-là!
1. Qu'ils	sont	agaçants,	**ces**	gamins!
2. Qu'ils	sont	agaçants,	**ces**	gamins-là!
1. Qu'elles	sont	agaçantes,	**ces**	gamines!
2. Qu'elles	sont	agaçantes,	**ces**	gamines-là!

Notez dans 2 l'emploi de *-là* après le nom, pour marquer l'insistance. Notez que la forme du masculin singulier est *ce* devant une consonne, et *cet* devant une voyelle. *Cet* se prononce exactement comme la forme du féminin *cette*.

Notez que nous avons une même forme *ces* pour le masculin et le féminin pluriels. Naturellement, *ces* se prononce ces-/z/ devant une voyelle: *ces /z/enfants*.

Tableau récapitulatif:

masculin singulier *devant consonne*	**ce**	*féminin singulier*	**cette**
masculin singulier *devant voyelle*	**cet**	*masculin pluriel* *féminin pluriel*	**ces**

⋂ 10.16 Activation orale: Démonstratifs

Répondez selon les exemples.

Exemples:
Vous entendez: 1. C'est mon passeport. Donne-le-moi!
Vous dites: Ce passeport est à moi.

Vous entendez: 2. C'est ma carte d'identité. Donne-la-moi!
Vous dites: Cette carte d'identité est à moi.

Continuez oralement avec l'enregistrement.

10.17 Observation: Présent de l'indicatif du verbe *venir*

JEAN-DENIS: Alors, vous *venez* faire de la voile?
GEORGES: Non, nous ne *venons* pas! Nous faisons la sieste. . . .
CECILE: Moi, je *viens*!

venir	
je **viens**	nous **venons**
tu **viens**	vous **venez**
il **vient**	
ils **viennent**	

⋂ 10.18 Activation orale: Présent de l'indicatif du verbe *venir*

Répondez selon l'exemple.

Exemple:
Vous entendez: 1. Tu travailles beaucoup?
Vous répondez: Oui, je viens de la bibliothèque.

Continuez oralement avec l'enregistrement.

10.19 Observation: Connaissances; *savoir* et *connaître*

MARIE-LAURE: Est-ce que le professeur de maths de Georges a les yeux bleus?
MIREILLE: Je ne *sais* pas; je ne le *connais* pas!

Mireille ne *sait* pas s'il a les yeux bleus parce qu'elle ne le *connaît* pas.

Observez.

connaître		savoir	
je **connais**	nous **connaissons**	je **sais**	nous **savons**
tu **connais**	vous **connaissez**	tu **sais**	vous **savez**
il **connaît**	ils **connaissent**	il **sait**	ils **savent**

⋂ 10.20 Activation orale: Connaissance; *savoir* et *connaître*

Répondez selon l'exemple.

Exemple:
Vous entendez: 1. Est-ce que tu trouves le prof d'histoire sympathique?
Vous répondez: Je ne sais pas, je ne le connais pas.

Continuez oralement avec l'enregistrement.

⚘ 10.21 Activation écrite: Dictée

Ecoutez et complétez.

1: venir

1. —Vous _____ avec nous au cinéma?

2. —Non, moi, je ne _____ pas, je suis occupé.

3. Mais Robert _____ puisqu'il ne travaille pas.

4. —Et Mireille et Cécile?

   —Non, elles ne _____ pas; elles travaillent.

2: connaître et savoir

1. —Vous _____ Belle-Ile-en-Mer?

   —Non, je ne _____ pas Belle-Ile, mais je _____ que c'est en Bretagne.

2. —Est-ce que Robert _____ Mme Courtois?

   —Non, mais il _____ où elle habite.

3. —Vous _____ la mère de Mireille, vous deux?

   —Non, nous ne la _____ pas, mais nous _____ qu'elle travaille au Ministère de la

   Santé.

4. —Les parents de Mireille _____ Robert?

   —Non, ils ne le _____ pas, mais ils _____ qu'il est américain.

10.22 Observation: *On*

on = les gens

En France, *les gens*   parlent français.
En France, *tout le monde* parle   français.
En France, *on*   parle   français.

on
En France, **on** parle français. Quand **on** joue, le temps passe vite. Quand **on** cherche... **on** trouve.

On représente les gens en général, n'importe qui, et tout le monde. C'est un pronom indéfini, général. C'est une troisième personne du singulier.

On représente aussi *nous*. (*On fait la sieste* correspond à un niveau de langage plus familier que *nous faisons la sieste*.)

on = nous

—Qu'est-ce que vous faites?
—*Nous* faisons la sieste!
—*On*   fait   la sieste!

◊ 10.23 Activation orale: *On*

Répondez selon les exemples.

Exemples:
Vous entendez: 1. En France, les gens parlent français?
Vous répondez: Oui, en France, on parle français.

Vous entendez: 2. Dans votre famille, vous mangez ensemble?
Vous répondez: Oui, dans ma famille, on mange ensemble.

Continuez oralement avec l'enregistrement.

10.24 Observation: Formes masculines et féminines (révision et extension)

masculin	petit	droit	défunt	tombant	suivant
féminin	petite	droite	défunte	tombante	suivante

Au point de vue du son, les formes féminines ci-dessus ont une consonne qui n'est pas prononcée dans les formes masculines. Au point de vue de l'orthographe, toutes ces formes féminines s'écrivent avec un -e final.

masculin	rapide	chauve	immense	énorme	bête
féminin	rapide	chauve	immense	énorme	bête

Les formes masculines et féminines ci-dessus sont identiques au point de vue du son. Elles sont aussi identiques au point de vue de l'orthographe.

masculin	beau	nouveau	vieux
féminin	belle	nouvelle	vieille

Au point de vue du son, les formes masculines ci-dessus se terminent par une voyelle, et les formes féminines se terminent par une consonne.

10.25 Observation: Direction

direction		
vers		Bordeaux
du côté	**de**	Bordeaux
dans la direction de		Bordeaux

🎧 10.26 Activation orale: Dialogue entre Jean-Denis et Georges

Vous allez entendre une conversation entre Jean-Denis et Georges. Ecoutez attentivement. Vous allez apprendre les réponses de Georges.

JEAN-DENIS: Salut, tout le monde! Alors, qu'est-ce que vous faites?
GEORGES: **Il ne pleut plus?**
JEAN-DENIS: Non!
GEORGES: **Ce n'est pas possible!**

JEAN-DENIS: Si, si, je t'assure! Ça se lève. Alors, vous venez faire de la voile?
GEORGES: **Non, mon vieux! Pas aujourd'hui. Aujourd'hui, on fait la sieste!**

Libération de l'expression

10.27 Mots en liberté

Qu'est-ce qu'on peut dire de quelqu'un qu'on n'aime pas?

On peut dire: C'est un drôle de bonhomme! C'est une drôle de bonne femme! Il (elle) a une sale tête! Il n'y a pas plus vache!

Trouvez encore au moins quatre possibilités.

Qu'est-ce qu'on peut dire pour être désagréable avec quelqu'un qu'on aime bien?

On peut dire: Bécasse! Tu es bête comme tes pieds! Ce que tu es méchante! Ce que tu peux être agaçante!

Trouvez encore au moins cinq possibilités.

10.28 Mise en scène et réinvention de l'histoire

L'art d'insulter. Marie-Laure laisse tomber les petits pains aux raisins, les verres, les galettes, les Orangina, et tout. Qu'est-ce que vous lui dites? Imaginez votre dialogue avec elle.

VOUS:
Ah, c'est malin!
Sale gamine!
Tu ne peux pas faire attention, non?
Bécasse!
Idiote!
Ce que tu peux être embêtante!
Ce que tu es agaçante!

MARIE-LAURE:
C'est de ta faute!
Ce n'est pas de ma faute!
C'est de la faute du chien!

VOUS:
Si, c'est de ta faute!
Maintenant, il n'y a plus de galettes!
Il n'y a plus de petits pains aux raisins!
Il n'y a plus de goûter!
Tu peux pleurer!
Ne pleure pas, ce n'est pas grave!
Ah la la, quelles vacances!

10.29 Mise en scène et réinvention de l'histoire

Faites le portrait physique et moral d'une personne que vous connaissez.

Exercices-tests

10.30 Exercice-test: Démonstratifs *ce, cet, cette, ces*

Complétez en utilisant des adjectifs démonstratifs.

1. Qu'elle est bête, _____ Marie-Laure!

2. Qu'ils sont agaçants, _____ enfants!

3. Qu'il est embêtant, _____ chien!

4. Qu'il est méchant, _____ enfant!

5. Qu'elles sont bécasses, _____ filles!

Vérifiez. Si vous avez fait des fautes, travaillez les sections 10.15 et 10.16 dans votre cahier d'exercices.

10.31 Exercice-test: *Savoir / connaître*

Complétez avec les formes convenables de *savoir* ou de *connaître*.

1. Marie-Laure ne _____ pas jouer aux portraits.

2. Georges fait le portrait de quelqu'un que personne ne _____.

3. Les autres ne _____ pas de qui il parle: ils ne _____ pas M. Delapierre!

4. Oh, eh, nous ne _____ pas ton prof de maths, nous! Nous ne _____ pas qui c'est!

Vérifiez. Si vous avez fait des fautes, travaillez les sections 10.19 à 10.21 dans votre cahier d'exercices.

10.32 Exercice-test: Présent indicatif du verbe *venir*

Complétez.

1. Alors, les enfants, vous _____?

2. Alors, ce goûter, il _____?

3. Alors, ces galettes bretonnes, elles _____?

4. Alors, Marie-Laure, tu _____?

5. Oui, oui, je _____ . . . .

Vérifiez. Si vous avez fait des fautes, travaillez les sections 10.17, 10.18, et 10.21 dans votre cahier d'exercices.

Leçon 11

♫ 11.1 Mise en oeuvre

Ecoutez le texte et la mise en oeuvre dans l'enregistrement sonore. Répétez et répondez suivant les indications.

♫ 11.2 Compréhension auditive

Phase 1: Regardez les images et répétez les phrases que vous entendez.

1 ____

2 ____

3 ____

4 ____

5 ____

6 ____

Phase 2: Ecrivez la lettre de chaque phrase que vous entendez sous l'image qui lui correspond le mieux.

♫ 11.3 Compréhension auditive et production orale

Ecoutez les énoncés suivants. Après chaque énoncé vous allez entendre une question. Répondez à la question.

Exemple: 1. Qu'est-ce que les deux personnages de l'histoire vont faire aujourd'hui?
Vous entendez: Aujourd'hui, c'est le 29 mai. Les deux personnages principaux de cette fascinante histoire vont peut-être se rencontrer.
Et puis vous entendez la question: Qu'est-ce que les deux personnages de l'histoire vont faire aujourd'hui?
Et vous répondez: Les deux personnages de l'histoire vont peut-être se rencontrer.

2. Depuis combien de temps Mireille étudie-t-elle à la Sorbonne?
3. Que fait-elle au jardin du Luxembourg?
4. Que fait le jeune homme dans le jardin du Luxembourg?
5. Est-ce qu'il a l'air de trouver ça intéressant?
6. Que fait la jeune fille pour faire semblant de ne pas le voir?

Préparation à la communication

⌕ 11.4 Observation: Prononciation; les semi-voyelles /w/ et /ɥ/

Ecoutez, répétez, et comparez.

	/w/	/ɥ/
	J'ai dit oui.	J'ai dit "huit"!
	C'est Louis.	C'est lui.

Remarquez que les mots *oui, Louis, lui,* et *huit* représentent une seule syllabe.

Louis   huit

Dans les mots *Louis* et *oui,* la langue est en arrière pour prononcer le son /u/, puis elle avance et vient appuyer contre les dents inférieures pour prononcer le son /i/. Dans les mots *lui* et *huit,* la langue est déjà en avant, et appuyée contre les dents inférieures pour prononcer le son /ɥ/. Elle reste dans cette position pour le son /i/.

⌕ 11.5 Activation orale: Prononciation; les semi-voyelles /w/ et /ɥ/

Ecoutez et répétez.

C'est aujourd'h*ui* le h*uit.*
Mais *oui,* p*ui*sque je te le dis!

Non, je ne s*ui*s pas *Louis!*
Louis, c'est l*ui!*

⌕ 11.6 Activation orale: Prononciation; le son /y/ (révision)

Ecoutez et répétez.

des ét*u*des
un c*u*m*ulu*s
l'instit*ut*

un nimb*u*s
*u*ne j*u*pe
un strat*u*s

un n*u*age
un cirr*u*s

⌕ 11.7 Activation: Discrimination auditive; /w/ et /ɥ/

Déterminez si les phrases que vous entendez contiennent le nom *Louis* ou le pronom *lui.* Cochez la case appropriée.

	1	2	3	4	5	6	7	8	9	10
Louis										
lui										

11.8 Observation: Le temps qui passe

	passé	*présent*	*futur*
dans la réalité	hier ←	aujourd'hui →	demain
dans l'histoire	la veille ←	un certain jour →	le lendemain
	le 28 mai	*le 29 mai*	*le 30 mai*

Le 28 mai est *la veille*   du 29 mai.
Le 30 mai est *le lendemain* du 29 mai.

Si *aujourd'hui* c'est   le 29 mai,
hier   c'était   le 28 mai, et
demain   ce sera le 30 mai.

11.9 Observation: Présent duratif; *depuis*

—Il y a longtemps que vous êtes à Paris? —Il y a 24 heures.
—Ça fait longtemps que vous êtes à Paris? —Ça fait 24 heures.
—Vous êtes à Paris depuis longtemps? —Depuis 24 heures.

Il y a Ça fait	+	*temps*	+	**que**	+	*verbe au présent*
Il y a		24 heures		**que**	Robert est	à Paris.
Ça fait		24 heures		**que**	Robert est	à Paris.

verbe au présent	+	**depuis**	+	*temps*
Robert est	à Paris	**depuis**		24 heures.

depuis + *durée*	
Robert est à Paris **depuis**	24 heures.
Robert est à Paris **depuis**	un mois.

depuis + *point dans le temps*	
Robert est à Paris **depuis**	hier.
Robert est à Paris **depuis**	le 29 mai.

Notez que *Il y a... que* et *Ça fait... que* sont utilisés avec une indication de temps, de **durée** (24 heures, 2 jours, une semaine, deux mois, un an, etc.).

Depuis est utilisé avec une indication de temps, de durée, mais aussi avec l'indication d'un **point dans le temps** (hier, avant hier, le 29 mai, le mois d'avril, le printemps, l'année dernière, 1882, etc.).

11.10 Activation orale: Présent duratif

Répondez selon les exemples.

Exemples:
1. 45 ans
Vous entendez: La grand-tante Amélie est veuve?
Vous répondez: Oui, il y a 45 ans qu'elle est veuve.

2. 28 mai
Vous entendez: Robert est à Paris?
Vous répondez: Oui, il est à Paris depuis le 28 mai.
(Le 28 mai est l'indication d'un point dans le temps.)

3. deux jours
4. un an
5. 10 heures du matin
6. une heure
7. le mois d'avril
8. le 1er mai
9. longtemps

11.11 Observation: Le temps qui passe; les saisons

saisons		*mois*
le printemps	=	mars, avril, mai, juin
l'été	=	juin, juillet, août, septembre
l'automne	=	septembre, octobre, novembre
l'hiver	=	décembre, janvier, février

mois		*saisons*
En mai	on est	au printemps.
En juillet	on est	en été.
En octobre	on est	en automne.
En janvier	on est	en hiver.

11.12 Observation: Le temps qu'il fait

Observez les généralisations météorologiques suivantes.

En été	il fait beau.
En hiver	il fait mauvais.
En avril	il fait frais.
En mai	il fait bon.
En août	il fait chaud.
En janvier	il fait froid.
En automne	il y a des nuages,
	il y a du vent.
En hiver	il y a de la neige.
En été	il y a du soleil.
En hiver	il pleut,
	il neige.

11.13 Activation orale: Les saisons

Ecoutez le dialogue suivant. Après le dialogue vous allez entendre les questions ci-dessous. Répondez aux questions.

1. Quand est-ce qu'il y a de la neige?
2. Quand est-ce que les marronniers sont en fleur?
3. Quand est-ce qu'il fait bon à l'ombre?
4. Quand est-ce qu'on ramasse les feuilles mortes?

11.14 Activation orale: Le temps qu'il fait

Continuez les phrases que vous allez entendre selon l'exemple.

Exemple:
Vous entendez: 1. En été il fait beau, mais en hiver...
Vous voyez: mauvais
Vous dites: Il fait mauvais.

2. chaud
3. frais
4. des nuages
5. de la neige
6. du soleil

11.15 Observation: Exclamation; admiration et critique

	quel + *nom*	**que** + *verbe*
admiration	Quel beau ciel!	Que le ciel est bleu!
critique	Quel sale temps!	Qu' il fait mauvais!

Le mot exclamatif *quel* précède un **nom**. Le mot exclamatif *que* précède un **verbe**.

11.16 Observation : *Quel* exclamatif

exclamatif		nom
Quel		ciel!
Quels	beaux	nuages!
Quelle	belle	matinée!
Quelles	belles	fleurs!

Quel s'accorde en genre et en nombre avec le nom qu'il précède.

11.17 Observation: Construction exclamative avec *quel*

Notez que dans la construction exclamative avec *quel* il n'y a pas d'article.

exclamatif		nom
Quel		ciel!
Quel	beau	ciel!
Quel		ciel bleu!
Quel	beau	ciel bleu!

Quel (comme *ce*) fonctionne comme un article.

Le   ciel...
Un   ciel...
Ce   ciel...
Quel ciel!

⌘ 11.18 Activation orale et écrite: Exclamation; *quel*

Répondez selon l'exemple.

Exemple:
Vous entendez: 1. Que sa jupe est ravissante!
Vous dites: Quelle jupe ravissante!
Vous écrivez: <u>Quelle</u> (au féminin)

2. _____ ciel bleu!

3. _____ froid!

4. _____ mauvais temps!

5. _____ beau sourire!

6. _____ beaux yeux!

7. _____ belles mains!

8. _____ bavard!

9. _____ air bête!

10. _____ rencontre intéressante!

11. _____ histoire fascinante!

11.19 Observation: *Aller* et *venir*

venir de *origine*			**aller à** *destination*		
Mireille	**vient de**	l'Institut.	Elle	**va à**	la fac.

Venir de indique l'origine. *Aller à* indique la destination.

⌂ 11.20 Activation orale: *Venir*

Répondez selon l'exemple.

Exemple:
Vous voyez: 1. Le Luxembourg
Vous entendez: D'où venez-vous, vous deux?
Vous répondez: Nous venons du Luxembourg.

2. Le Quartier Latin
3. L'hôtel
4. L'Institut d'Art et d'Archéologie
5. La cour de la Sorbonne
6. Les Etats-Unis
7. Le cinéma

8. Le Ministère de la Santé
9. La fac

11.21 Observation: Futur immédiat et passé immédiat; *aller, venir de*

origine	*passé immédiat*
venir de *nom*	**venir de** *verbe*
1. Mireille **vient de** l'Institut. 3. Robert **vient des** Etats-Unis.	2. Elle **vient de** sortir de l'Institut. 4. Il **vient d'** arriver à Paris.

Remarquez que, dans les phrases 2 et 4, le verbe *venir* indique un **passé** immédiat. C'est une construction semblable à la construction avec *aller* qui indique un **futur** immédiat (voir leçon 3).

passé immédiat	Elle **vient de** sortir.
futur immédiat	Elle **va** sortir.

⌂ 11.22 Activation orale: Passé immédiat; *venir de*

Répondez selon l'exemple.

Exemple:
Vous entendez: 1. Ça fait longtemps que Robert est à Paris?
Vous répondez: Non, il vient d'arriver.

Continuez oralement avec l'enregistrement.

11.23 Observation: Pronoms personnels; *le, la, les*

	pronom	verbe	nom
1.	Mireille	voit	le jeune homme.
	Elle le	voit.	
2.	Le jeune homme	remarque	Mireille.
	Il la	remarque.	
3.	Le jeune homme	remarque	les yeux de Mireille.
	Il les	remarque.	

Dans 1, *le* remplace *le jeune homme*. *Le jeune homme* est un nom masculin singulier. C'est le complément d'objet direct du verbe *voit*. *Le* est un pronom objet direct, masculin singulier.

Dans 2, *la* remplace *Mireille*. *Mireille* est un nom féminin singulier. C'est le complément d'objet direct du verbe *remarque*. *La* est un pronom objet direct, féminin singulier.

Dans 3, *les* remplace *les yeux de Mireille*. *Les yeux* est un nom masculin pluriel. C'est le complément d'objet direct du verbe *remarque*. *Les* est un pronom objet direct, masculin (ou féminin) pluriel.

Remarquez que ces pronoms sont identiques aux articles définis *le, la,* et *les*. Il y a **liaison** et **élision** avec ces pronoms, comme avec les articles définis.

	élision
Mireille	aime beaucoup le Luxembourg.
Elle	l'aime beaucoup.

	liaison
Le jeune homme aime beaucoup les yeux de Mireille.	
Il	**les** /z/aime beaucoup.

🎧 11.24 Activation orale: Pronoms personnels; *le, la, les*

Remplacez les noms par des pronoms selon l'exemple.

Exemple:
Vous entendez: 1. Jean-Pierre
   Bourdon remarque Mireille.
Vous dites: Il la remarque.

Continuez oralement avec l'enregistrement.

11.25 Observation: Pronoms personnels; *me, te, nous, vous*

sujet	objet direct	verbe
Vous	**me**	trouvez bête?
Je	**vous**	ennuie?

pronom	verbe
Ce garçon **m'**	ennuie.
Il **t'**	ennuie?
Il **nous**	ennuie.
Il **vous**	ennuie?

Me et *vous* sont les compléments d'objet direct du verbe.

Me (*m'*) est un pronom personnel objet direct de la 1ère personne du singulier. *Te* (*t'*) est un pronom personnel objet direct de la 2ème personne du singulier. *Nous* est un pronom personnel objet direct de la 1ère personne du pluriel. *Vous* est un pronom personnel objet direct de la 2ème personne du pluriel.

tableau récapitulatif des pronoms personnels objets directs		
Elle **me** regarde.	*1ère personne singulier*	*masculin ou féminin*
Elle **te** regarde.	*2ème personne singulier*	*masculin ou féminin*
Elle **le** regarde.	*3ème personne singulier*	*masculin*
Elle **la** regarde.	*3ème personne singulier*	*féminin*
Elle **nous** regarde.	*1ère personne pluriel*	*masculin ou féminin*
Elle **vous** regarde.	*2ème personne pluriel*	*masculin ou féminin*
Elle **les** regarde.	*3ème personne pluriel*	*masculin ou féminin*

🎧 11.26 Activation orale: Pronoms personnels objets directs

Répondez selon l'exemple.

Exemple:
Vous entendez: 1. Vous trouvez Jean-Pierre intéressant?
Vous répondez: Non, il nous ennuie.

Continuez oralement avec l'enregistrement.

11.27 Observation: Place des pronoms personnels objets directs

Vous remarquez que les pronoms sont placés immédiatement avant le verbe.

pronom	verbe	
Elle **te**	voit.	
Il **la**	remarque.	
Il **nous**	ennuie.	
Elle ne **me**	voit	pas.
Elle ne **le**	remarque	pas.
Il ne **vous**	ennuie	pas?

Dans le cas d'une construction négative, le pronom est placé entre *ne* et le verbe.

🎧 11.28 Activation orale: Place des pronoms personnels objets directs

Répondez selon l'exemple.

Exemple:
Vous entendez: 1. Est-ce que Mireille connaît Robert?
Vous répondez: Non, elle ne le connaît pas.

Continuez oralement avec l'enregistrement.

11.29 Observation: *Promener son chien, se promener*

sujet	objet	verbe	objet
1. Tante Georgette		promène	Fido.
Elle	le	promène.	
2. (Tante Georgette		promène	Tante Georgette.)
Elle	se	promène.	
3. Marie-Laure		habille	sa poupée.
Elle	l'	habille.	
4. (Marie-Laure		habille	Marie-Laure.)
Elle	s'	habille.	

Dans les phrases 1 et 3, l'objet (*Fido, sa poupée*) est différent du sujet (*Tante Georgette, Marie-Laure*). Dans les phrases 2 et 4, l'objet (*Tante Georgette, Marie-Laure*) est le même que le sujet (*Tante Georgette, Marie-Laure*). Vous remarquez que dans ce cas on utilise un pronom particulier (*se, s'*). On appelle ce pronom un pronom **réfléchi** parce que l'action du verbe est réfléchie sur le sujet (*se* est l'**objet** du verbe, mais il représente aussi le **sujet**).

11.30 Observation: *Se promener*; les pronoms réfléchis

pronoms réfléchis			pronoms non-réfléchis		
Je	**me**	promène.	Elle	**me**	voit.
Tu	**te**	promènes.	Elle	**te**	voit.
Il	**se**	promène.	Elle	**le**	voit.
Elle	**se**	promène.	Elle	**la**	voit.
Ils	**se**	promènent.	Elle	**les**	voit.
Elles	**se**	promènent.	Elle	**les**	voit.
Nous	**nous**	promenons.	Elle	**nous**	voit.
Vous	**vous**	promenez.	Elle	**vous**	voit.

Remarquez que les pronoms réfléchis sont identiques aux pronoms non-réfléchis (pronoms personnels objets directs) sauf à la 3ème personne (*se = le, la, les*).

11.31 Observation: Verbes réfléchis

	pronom réfléchi	
Il	**s'**	ennuie.
Il	**s'**	approche.
Son regard	**se**	perd dans la contemplation du ciel.
Je ne	**me**	trompe jamais.
Je	**me**	présente.
Je	**m'**	appelle Jean-Pierre Bourdon.
Elle	**se**	lève…
et elle	**s'**	en va.

Ces verbes sont tous utilisés à la forme réfléchie, c'est-à-dire avec un pronom réfléchi. Presque tous les verbes peuvent être utilisés à la forme réfléchie.

⚬ 11.32 Activation orale: Verbes réfléchis

1. s'habiller

Répondez selon l'exemple.

Exemple:

Vous entendez: 1. Ton pull vient de
    Prisunic?
Vous répondez: Non, je m'habille
    chez Dior.
(Vous pouvez substituer le couturier
de votre choix: Saint-Laurent,
Lanvin, Cardin, Givenchy, Cacharel,
etc.)

Continuez oralement avec
l'enregistrement.

2. se tromper

Répondez selon l'exemple.

Exemple:

Vous entendez: 1. Jean-Pierre pense
    que Mireille va dire quelque
    chose...
Vous répondez: ...mais il se trompe.

Continuez oralement avec
l'enregistrement.

3. se lever et s'en aller

Répondez selon l'exemple.

Exemple:

Vous entendez: 1. Ce type m'ennuie.
Vous dites: Je me lève et je m'en
    vais.

Continuez oralement avec
l'enregistrement.

11.33 Activation écrite: Verbes réfléchis et non-réfléchis

Choisissez la forme réfléchie ou non-réfléchie du verbe entre parenthèses.

1,2. (habiller/s'habiller)

Marie-Laure se lève et _____. Puis elle

_____ sa poupée.

3. (ennuyer/s'ennuyer)

Il n'y a rien à faire à la plage quand il pleut. On

_____ .

4,5. (promener/se promener)

Un jeune homme _____ dans le jardin

du Luxembourg. Un vieux monsieur

_____ son chien.

6. (ennuyer/s'ennuyer)

Ils ont l'air de _____ tous les deux.

7. (présenter/se présenter)

Le jeune homme s'approche de Mireille et

_____ .

8. (appeler/s'appeler)

Le jeune homme qui s'approche de Mireille

_____ Jean-Pierre Bourdon.

9. (ennuyer/s'ennuyer)

Il commence à _____ Mireille

considérablement.

10,11. (lever/se lever)

Mireille fait semblant de ne pas le voir. Elle

_____ les yeux au ciel. Finalement,

Mireille _____ et s'en va.

⚬ 11.34 Activation orale: Dialogue entre Mireille et Jean-Pierre

Vous allez entendre un dialogue entre Mireille et Jean-Pierre. Ecoutez attentivement. Vous allez apprendre ce que dit Jean-
Pierre.

MIREILLE: ...
JEAN-PIERRE: **Quel beau temps!**
MIREILLE: ...
JEAN-PIERRE: **Quel ciel! Pas un nuage! Pas un
    cumulus!**

MIREILLE: ...
JEAN-PIERRE: **Il fait vraiment beau, vous ne
    trouvez pas?**

Libération de l'expression

11.35 Mots en liberté

Qu'est-ce qu'on peut faire quand il fait beau, en été?

On peut faire du kayak, du surfing, du ski nautique, de la natation; on peut promener le chien, se reposer, faire semblant d'être sportif...

Trouvez encore au moins huit possibilités.

Qu'est-ce que vous trouvez intéressant?

Le français, les échecs...

Trouvez encore au moins huit possibilités.

Qu'est-ce qu'on peut faire semblant de faire?

On peut faire semblant d'étudier, d'être sportif, de savoir le français...

Trouvez encore au moins cinq possibilités.

11.36 Mise en scène et réinvention de l'histoire

Vous êtes Jean-Pierre Bourdon. Vous remarquez une très jolie jeune fille sur une chaise au Luxembourg (c'est sûrement Mireille!). Essayez d'engager la conversation. Continuez, même si elle ne vous répond pas.

1. Parlez du ciel, des nuages.
2. Remarquez qu'il fait très beau.
3. Parlez de la température; est-ce qu'il fait froid... chaud?
4. Demandez à la jeune fille si elle vient souvent au Luxembourg.
5. Dites que vous aimez bien le Luxembourg... en toutes saisons (essayez d'être poétique!).
6. Remarquez que la jeune fille n'est pas bavarde.
7. Parlez-lui de sa jupe.
8. Présentez-vous.

11.37 Mise en scène et réinvention de l'histoire

Réinventez la rencontre entre Mireille et Jean-Pierre Bourdon. Cette fois-ci, Mireille ne va pas être silencieuse, elle va être bavarde. Est-ce qu'elle va pratiquer l'art d'insulter, ou est-ce qu'elle va être gentille? Choisissez ses réponses, ou inventez d'autres possibilités.

JEAN-PIERRE:
Quel beau temps! Quel ciel! Pas un nuage! Pas un cumulus! Il fait vraiment beau, vous ne trouvez pas?

MIREILLE:

Oui, vraiment,
Non, pas vraiment,

il fait
très beau.
assez beau.

il ne fait pas beau du tout.
il fait plutôt mauvais
il pleut.

Quelle banalité!
Quelle stupidité!

JEAN-PIERRE:
Vous venez souvent ici?

MIREILLE:

Oui,
assez souvent.
j'aime le Luxembourg quand il fait beau.
j'aime rencontrer des jeunes gens comme vous.
je ne viens pas très souvent.

Non,
mais ça ne vous regarde pas!
mais occupez-vous de vos affaires!

JEAN-PIERRE:
Vous me trouvez bête? Je vous ennuie?

MIREILLE:

Non, non, je vous trouve
intelligent.
intéressant.
fascinant.

Vous
ne m'ennuyez pas.
ne m'embêtez pas.
êtes très sympathique.

Vous ressemblez à
Jean-Paul Belmondo.
Gérard Depardieu.
Elvis Presley.

Oui! Vous m'ennuyez beaucoup!

Vous êtes vraiment
embêtant.
stupide.
un drôle de bonhomme.

Je vous trouve
agaçant.
trop bavard.
bête comme vos pieds.
sexiste.

D'ailleurs, vous ressemblez à | Jean-Paul Sartre.
Méphistophélès.
Quasimodo.
Frankenstein.
l'Homme-éléphant.
l'Abominable homme des neiges.

MIREILLE:
Enchantée, je m'appelle Mireille.

J'espère que nous allons | être amis.
nous revoir.
nous marier.
avoir quatre enfants.

Non, je ne vous permets pas!

JEAN-PIERRE:
Permettez-moi de me présenter. Je m'appelle Jean-Pierre Bourdon.

Et moi, je m'appelle | Marie-Antoinette.
Elizabeth, reine d'Angleterre.
Jeanne d'Arc.

Adieu!

Exercices-tests

11.38 Exercice-test: Le temps qui passe / le temps qu'il fait

Complétez.

Nous sommes _____ printemps. Il _____ beau, il ne _____ pas trop chaud,

il _____ soleil.

Robert est à Paris _____ hier. _____ un jour que Robert est arrivé des Etats-Unis. Il sait déjà

qu'il va aimer la France.

Vérifiez. Si vous avez fait des fautes, travaillez les sections 11.8 à 11.14 dans le cahier d'exercices.

11.39 Exercice-test: Quel exclamatif

Complétez.

1. _____ jolie jupe!   4. _____ jardin!

2. _____ beaux marronniers!   5. _____ jolies fleurs!

3. _____ idiote!

Vérifiez. Si vous avez fait des fautes, travaillez les sections 11.15 à 11.18 dans votre cahier d'exercices.

☊ 11.40 Exercice-test: Venir de; pronoms réfléchis

Complétez selon l'exemple.

Exemple:
Vous entendez: Comment t'appelles-tu?
Vous écrivez: Mais je viens de me présenter!

1. Mais _____ présenter!

2. Mais _____ présenter!

3. Mais _____ présenter!

4. Mais _____ présenter!

5. Mais _____ présenter!

Vérifiez. Si vous avez fait des fautes, travaillez les sections 11.19 à 11.22 et 11.29 à 11.33 dans votre cahier d'exercices.

⌒ 11.41 Exercice-test: Pronoms objets directs

Complétez selon les exemples.

Exemples:

Vous entendez: Tu m'entends?
Vous écrivez: Oui, je t'entends.

Vous entendez: Tu me vois?
Vous écrivez: Non, je ne te vois pas!

1. Oui, je _____ entends.

2. Non, je _____ vois pas.

3. Non, je _____ vois pas.

4. Oui, je _____ entends.

5. Oui, je _____ entends.

6. Non, je _____ vois pas.

7. Non, je _____ vois pas.

8. Non, je _____ vois pas.

Vérifiez. Si vous avez fait des fautes, travaillez les sections 11.23 à 11.28 dans votre cahier d'exercices.

Leçon 12

Assimilation du texte

⌂ 12.1 Mise en oeuvre

Ecoutez le texte et la mise en oeuvre dans l'enregistrement sonore. Répétez et répondez suivant les indications.

⌂ 12.2 Compréhension auditive

Phase 1: Regardez les images, et répétez les phrases que vous entendez.

Phase 2: Regardez les images de la série 1 (Ghislaine en Angleterre) et de la série 2 (Mireille en France). Vous allez entendre des énoncés identifiés par les lettres A,B,C, etc. Pour chaque énoncé, indiquez s'il s'agit de Ghislaine ou de Mireille en écrivant en face de chaque lettre 1 s'il s'agit de Ghislaine en Angleterre, ou 2 s'il s'agit de Mireille en France.

Exemple:
Vous entendez: A. Il fait beau.
Vous écrivez: 2 à côté de la lettre *A*, parce qu'il s'agit de Mireille en France.

A _2_   H ___
B ___   I ___
C ___   J ___
D ___   K ___
E ___   L ___
F ___   M ___
G ___

Série 1: Ghislaine en Angleterre.

Série 2: Mireille à Paris.

⚭ 12.3 Production orale

Maintenant, dans la conversation
téléphonique entre Ghislaine et
Mireille, vous allez jouer le rôle de
Mireille. Chaque fois que Ghislaine dit
quelque chose, vous dites le contraire.

Exemple:
Vous entendez: Il fait mauvais.
Vous répondez: Il fait beau.

Continuez oralement avec
l'enregistrement.

Préparation à la communication

⚭ 12.4 Observation: Prononciation; alternance vocalique

nous prenons   ils prennent
nous nous promenons   ils se promènent

Ecoutez et comparez.

1	2
nous comprenons	ils comprennent
vous vous promenez	il se promène
nous nous appelons	je m'appelle

Vous remarquez que le e du radical de ces verbes se
prononce différemment dans la colonne 1 et dans la
colonne 2. Dans la colonne 1, ce e se prononce /ə/ comme
dans *le*. Dans la colonne 2, ce e se prononce /ɛ/.

Remarquez que, dans la colonne 1, le e se trouve dans
une syllabe **ouverte** (une syllabe qui se termine par un son
de voyelle):

com   pre   nons

Dans la colonne 2, le e se trouve dans une syllabe **fermée**
(une syllabe qui se termine par un son de consonne):

com   prennent

Notez que le son /ɛ/ est représenté par è (*promène*) ou par
e suivi d'une double consonne (*appelle, comprennent*).

⚭ 12.5 Activation orale: Prononciation; alternance vocalique

Ecoutez et répétez.

1.   /ə/
nous comprenons
vous comprenez

se promener
nous nous promenons
vous vous promenez

s'appeler
nous nous appelons
vous vous appelez

2.   /ɛ/
ils comprennent

je me promène
tu te promènes
il se promène
elles se promènent

je m'appelle
tu t'appelles
elle s'appelle
ils s'appellent

12.6 Observation: Impatience

Vous pouvez dire à quelqu'un qui vous
ennuie:

Tu m'ennuies!
Ce que tu peux être embêtant(e)!
Ce que tu peux être agaçant(e)!
Arrête!

Ça suffit!
Ça suffit comme ça!
Occupe-toi de tes affaires!

12.7 Observation: Questions; quel interrogatif

interrogatif		nom	
De	**quel**	côté	allez-vous?
	Quel	temps	fait-il?
	Quelle	saison	préférez-vous?
	Quels	sports	pratiquez-vous?
	Quelles	études	fait-elle?

Quel est un exclamatif (voir leçon 11) mais c'est aussi un interrogatif. *Quel* interrogatif s'accorde en genre et en nombre avec le nom qu'il précède.

12.8 Activation écrite: Questions; *quel* interrogatif

Complétez avec la forme convenable de *quel*.

1. _____ jour sommes-nous, aujourd'hui?

2. En _____ saison sommes-nous?

3. _____ temps fait-il?

4. _____ quartiers Robert va-t-il explorer?

5. _____ études Mireille fait-elle?

12.9 Observation: Santé; parties du corps

Je suis malade.

J'ai mal **à la** tête.
J'ai mal **à l'** oreille.
J'ai mal **au** cou.
J'ai mal **aux** yeux.
J'ai mal **aux** dents.

Notez l'article défini devant la partie du corps.

12.10 Activation orale: Parties du corps

Posez une question pour chaque énoncé que vous entendez, selon les exemples.

Exemples:
Vous entendez: 1. Oh la, mon cou!
Vous dites: Tu as mal au cou?

Vous entendez: 2. Oh la, ma tête!
Vous dites: Tu as mal à la tête?

Continuez oralement avec l'enregistrement.

12.11 Observation: Réciprocité

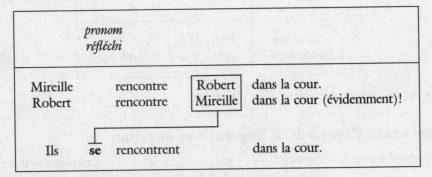

		pronom réfléchi		
Mireille	rencontre		Robert	dans la cour.
Robert	rencontre		Mireille	dans la cour (évidemment)!
Ils		**se**	rencontrent	dans la cour.

Notez que la forme réfléchie du verbe indique aussi la réciprocité.

12.12 Activation écrite: Réciprocité

Répondez selon l'exemple.

Exemple:
Vous voyez: 1. Je le trouve sympathique. Lui aussi il me
    trouve sympathique.
Vous écrivez: <u>Nous nous trouvons sympathiques!</u>

2. Mireille regarde Robert. Robert regarde Mireille.

_____

4. Je te regarde et tu me regardes.

_____

3. Elle le trouve sympathique. Il la trouve sympathique.

_____

5. Tu la regardes? Elle aussi, elle te regarde.

_____

12.13 Observation: Ordres; pronoms personnels et impératif

Remarquez que les pronoms objets directs sont placés après l'impératif. Notez le trait d'union (-) entre le verbe et le pronom.

impératif	pronom objet
Regarde	- **moi!**
Regarde	- **toi!**
Regarde	- **le!**
Regarde	- **nous!**
Regardez	- **vous!**
Regardez	- **les!**

Notez que les pronoms placés après le verbe ont la forme accentuée (comparez "Tu me regardes?" et "Regarde-moi!"). Notez que les pronoms *toi* et *vous* sont réfléchis.

∞ 12.14 Activation orale: Pronoms personnels et impératif

Transformez les phrases selon les exemples.

Exemples:
Vous entendez: 1. Il faut que tu
    demandes le numéro de téléphone
    de Mireille.
Vous dites: Demande-le!

Vous entendez: 2. Il faut vous reposer.
Vous dites: Reposez-vous!

Continuez oralement avec l'enregistrement.

12.15 Observation: Contrordres; impératif et négation

positif	négatif
Lève-**toi!**	Non, ne **te** lève pas!
Regarde-**moi!**	Non, ne **me** regarde pas!

Dans le cas d'un ordre négatif, le pronom se place devant le verbe.

∞ 12.16 Activation orale: Contrordres; impératif et négation

Donnez un contrordre selon l'exemple.

Exemple:
Vous entendez: 1. Lève-toi.
Vous dites: Non, ne te lève pas!

Continuez oralement avec l'enregistrement.

⏸ 12.17 Activation orale: Contrordres

Donnez un contrordre selon l'exemple.

Exemple:
Vous entendez: 1. Ne te lève pas.
Vous dites: Si, lève-toi!

Continuez oralement avec l'enregistrement.

12.18 Observation: *Pouvoir*, présent de l'indicatif

Notez que le radical de l'infinitif est *pouv-* et la terminaison est *-oir*.

pouvoir	
je **peux**	nous **pouvons**
tu **peux**	vous **pouvez**
il **peut**	
ils **peuvent**	

Le radical de l'infinitif se retrouve à la 1ère et à la 2ème personne du pluriel (*pouvons, pouvez*).

12.19 Observation: *Suivre*, présent de l'indicatif

Comparez.

Notez que, du point de vue de la prononciation, les trois personnes du singulier de *suivre* sont identiques. Les trois personnes du pluriel de *suivre* ont une consonne /v/ qui se trouve dans l'infinitif, mais qui est absente des trois personnes du singulier.

suivre	être
je **suis**	je **suis**
tu **suis**	tu **es**
il **suit**	il **est**
nous **suivons**	nous **sommes**
vous **suivez**	vous **êtes**
ils **suivent**	ils **sont**

Par pure coïncidence, les premières personnes du singulier du présent de l'indicatif de *suivre* et de *être* sont identiques.

12.20 Activation écrite: *Suivre*, présent de l'indicatif

Complétez.

1. Qu'est-ce que Robert fait?

   Il _____ les manifestants.

2. Et vous deux, qu'est-ce que vous faites?

   Nous aussi, nous _____ les manifestants.

3. Et toi, alors? Qu'est-ce que tu fais?

   Moi, je _____ les manifestants, comme tout le monde!

4. Et les étudiants, qu'est-ce qu'ils font?

   Eux aussi, ils _____ les manifestants.

12.21 Observation: *Sortir* et *partir*, présent de l'indicatif

sortir		partir	
je **sors**	nous **sortons**	je **pars**	nous **partons**
tu **sors**	vous **sortez**	tu **pars**	vous **partez**
il **sort**	ils **sortent**	il **part**	ils **partent**

Notez que, du point de vue de la prononciation, les trois personnes du singulier sont identiques, et les trois personnes du pluriel ont une consonne /t/ qui est absente des trois personnes du singulier.

⊘ 12.22 Activation orale: *Sortir*, présent de l'indicatif

Répondez selon l'exemple.

Exemple:
Vous entendez: 1. Tu restes à la maison?
Vous répondez: Non, je sors.

Continuez oralement avec l'enregistrement.

⊘ 12.23 Activation orale: *Partir*, présent de l'indicatif

Répondez selon l'exemple.

Exemple:
Vous entendez: 1. Tu es pressé?
Vous répondez: Oui, je pars tout de suite.

Continuez oralement avec l'enregistrement.

12.24 Observation: *Prendre, apprendre, comprendre*, présent de l'indicatif

prendre	apprendre	comprendre
je **prends**	j'**apprends**	je **comprends**
tu **prends**	tu **apprends**	tu **comprends**
il **prend**	il **apprend**	il **comprend**
nous **prenons**	nous **apprenons**	nous **comprenons**
vous **prenez**	vous **apprenez**	vous **comprenez**
ils **prennent**	ils **apprennent**	ils **comprennent**

Notez que, du point de vue de la prononciation, les trois personnes du singulier sont identiques; il y a, dans les trois personnes du pluriel, une consonne /n/ qui est absente des trois personnes du singulier.

12.25 Observation: Formes du présent de l'indicatif, 1ère, 2ème, et 3ème personnes du singulier

j'entre	je sors	je dis	je peux
tu entres	tu sors	tu dis	tu peux
il entre	il sort	il dit	il peut
je fais	je connais	je viens	je prends
tu fais	tu connais	tu viens	tu prends
il fait	il connaît	il vient	il prend

Notez que, du point de vue de la prononciation, les trois personnes du singulier de ces verbes sont identiques. Cela est vrai du présent de l'indicatif de presque tous les verbes. Si vous savez dire une des trois personnes du singulier, vous pouvez dire les deux autres (évidemment *aller, être,* et *avoir* sont des exceptions).

⊘ 12.26 Activation orale: Présent de l'indicatif, personnes du singulier

Répondez selon l'exemple.

Exemple:
Vous entendez: 1. Tu comprends?
Vous répondez: Oui, je comprends.

Continuez oralement avec l'enregistrement.

12.27 Activation écrite: Présent de l'indicatif

Complétez avec la forme convenable du verbe.

1. Vous comprenez?

   Oui, nous _____ très bien.

2. Vous partez?

   Oui, nous _____.

3. Et toi, tu pars aussi?

   Oui, je _____ aussi.

4. Vous prenez un café?

   Non, nous ne _____ pas de café, merci. Nous sommes pressés.

5. Tu sors?

   Non, moi je ne _____ pas; mais eux, oui, ils _____.

6. Il peut venir au théâtre?

Non, il ne _____ pas venir; mais moi,

je _____ si vous voulez.

7. Tu connais les Belleau?

Non, je ne les _____ pas; mais ma

soeur les _____ très bien.

12.28 Observation: Formes masculines et féminines (révision et extension)

masculin	élégant	ravissant	fascinant
féminin	élégante	ravissante	fascinante

12.29 Activation écrite: Formes masculines et féminines

Complétez les phrases que vous entendez.

1. _____ est amusant _____!

2. _____ est fascinant _____!

3. _____ est méchant _____!

4. C'est _____ suivant _____.

5. _____ est blond _____.

6. _____ est bavard _____.

7. _____ est sourd _____,

ou idiot _____?

12.30 Activation orale: Dialogue entre Ghislaine et Mireille

Vous allez entendre une conversation entre Ghislaine et Mireille. Ecoutez attentivement. Vous allez apprendre les réponses de Mireille.

GHISLAINE: Le ciel est gris.
MIREILLE: **Le ciel est bleu.**
GHISLAINE: Le temps est couvert.

MIREILLE: **Il n'y a pas un nuage.**
GHISLAINE: Il pleut.
MIREILLE: **Il fait soleil!**

GHISLAINE: Il fait froid.
MIREILLE: **Il fait chaud!**

Libération de l'expression

12.31 Mots en liberté

Qu'est-ce qu'on peut prendre?

On peut prendre des aspirines, des vacances, la rue Soufflot, un exemple, un sac, de l'argent....

Trouvez encore au moins huit possibilités.

Qu'est-ce qu'on peut rendre?

On peut rendre un sourire, des skis loués, un service....

Trouvez encore au moins cinq possibilités.

Où peut-on avoir mal?

On peut avoir mal à la tête, au doigt....

Trouvez encore cinq exemples.

12.32 Mise en scène et réinvention de l'histoire

Imaginez que vous voulez engager la conversation avec une jeune fille ou un jeune homme. Imitez Jean-Pierre Bourdon. Essayez toutes les possibilités. Par exemple: "Qu'est-ce que vous faites là? Vous n'êtes pas en Angleterre? Comment? Vous n'êtes pas la princesse Anne?" Et surtout, parlez du temps qu'il fait. Dites tout ce que vous pouvez.

12.33 Mise en scène et réinvention de l'histoire

Quelle est l'histoire de la vieille dame que Robert rencontre et aide? Quelle est sa vie, sa personnalité?

Elle a $\begin{vmatrix} 60 \\ 72 \\ 98 \\ 42 \end{vmatrix}$ ans.

Elle s'appelle $\begin{vmatrix} \text{Marie-France.} \\ \text{Christine.} \\ \text{Simone.} \\ \text{Jeanne.} \\ \text{Georgette.} \end{vmatrix}$

Elle $\begin{vmatrix} \text{travaille au Ministère de la Santé} \\ \text{ne travaille pas} \\ \text{est en grève} \\ \text{est concierge au Panthéon} \\ \text{est veuve} \end{vmatrix}$ depuis 10 ans.

Elle $\begin{vmatrix} \text{se promène dans} \\ \text{les rues parce qu'elle} \\ \\ \text{fait semblant d'être} \\ \text{pauvre, mais elle a} \end{vmatrix}$ $\begin{vmatrix} \text{s'ennuie.} \\ \text{n'a pas d'appartement.} \\ \text{cherche} \begin{vmatrix} \text{son chien.} \\ \text{sa fille.} \\ \text{des jeunes gens.} \end{vmatrix} \\ \text{a des loisirs.} \\ \text{de la fortune.} \\ \text{deux maris très riches.} \\ \text{une fille qui s'habille chez Dior.} \end{vmatrix}$

Elle s'habille $\begin{vmatrix} \text{chez Dior.} \\ \text{chez Courrèges.} \\ \text{chez Lanvin.} \\ \text{à Prisunic.} \\ \text{à Monoprix.} \end{vmatrix}$

Elle vient de $\begin{vmatrix} \text{se perdre dans les rues du Quartier Latin.} \\ \text{se ruiner en aspirines.} \\ \text{attraper un rhume.} \\ \text{choisir une jupe rouge chez Saint-Laurent.} \\ \text{rencontrer} \begin{vmatrix} \text{un monsieur très riche.} \\ \text{le père de Mireille.} \\ \text{un grand explorateur.} \end{vmatrix} \\ \text{sortir} \begin{vmatrix} \text{de l'Institut d'Art et d'Archéologie.} \\ \text{d'un bar.} \\ \text{de l'hôpital.} \end{vmatrix} \\ \text{manifester devant le Ministère.} \end{vmatrix}$

Elle va $\begin{vmatrix} \text{trouver} \begin{vmatrix} \text{un sac avec beaucoup d'argent.} \\ \text{un petit ami.} \\ \text{un mari.} \\ \text{un chien très gentil.} \\ \text{du courrier.} \\ \text{une carte postale de sa fille.} \end{vmatrix} \\ \text{être professeur à la Sorbonne.} \\ \text{épouser Robert.} \\ \text{tuer Robert.} \\ \text{faire la grève pendant encore 10 ans.} \\ \text{se reposer sur un banc.} \\ \text{se perdre dans le brouillard.} \\ \text{avoir beaucoup de chance.} \end{vmatrix}$

Exercices-tests

12.34 Exercice-test: Impératif et pronoms

Complétez selon l'exemple.

Exemple:
Vous entendez: Je me lève?
Vous écrivez: Oui, lève-<u>toi</u>!

1. Oui, sors-_____.

2. Oui, levez-_____.

3. Oui, suis-_____.

4. Oui, suis-_____.

5. Oui, aide-_____.

Vérifiez. Si vous avez fait des fautes, travaillez les sections 12.13 et 12.14 dans votre cahier d'exercices.

ᗡ 12.35 Exercice-test: Impératif, pronoms, et négation

Complétez selon l'exemple.

Exemple:
Vous entendez: Je me lève?
Vous écrivez: Non, <u>ne te</u> lève pas.

1. Non, _____ suis pas!

2. Non, _____ accompagne
pas.

3. Non, _____ appelle pas.

4. Non, _____ arrête pas!

5. Non, _____ arrêtez pas!

Vérifiez. Si vous avez fait des fautes, travaillez les sections 12.15 et 12.16 dans votre cahier d'exercices.

12.36 Exercice-test: Présent de l'indicatif

Complétez.

1. Si vous pouvez, je _____ sûrement moi aussi!

2. Si nous pouvons, ils _____ aussi.

3. Si vous suivez les manifestants, je les _____ moi aussi.

4. Je suis prête; vous _____ prêts aussi?

5. J'apprends le français. Et vous, qu'est-ce que vous _____?

6. Si vous sortez, je _____ aussi.

7. Si je pars, les enfants _____ avec moi.

Vérifiez. Si vous avez fait des fautes, travaillez les sections 12.18 à 12.26 dans votre cahier d'exercices.

Leçon 13

ᴔ 13.1 Mise en oeuvre

Ecoutez le texte et la mise en oeuvre dans l'enregistrement sonore. Répétez et répondez suivant les indications.

ᴔ 13.2 Compréhension auditive

Phase 1: Regardez les images et répétez les énoncés que vous entendez.

1 ____

2 ____

3 ____

4 ____

5 ____

6 ____

Phase 2: Ecrivez la lettre de chaque énoncé que vous entendez sous l'image qui lui correspond le mieux.

ᴔ 13.3 Compréhension auditive et production orale

Ecoutez les dialogues suivants. Après chaque dialogue vous allez entendre une question. Répondez à la question.

Exemple: 1. Est-ce que le jeune homme a l'air de s'amuser?

Vous entendez: 1. Un jeune homme se dirige vers la Sorbonne. Il a l'air de s'ennuyer.

Et puis vous entendez la question: Est-ce que le jeune homme a l'air de s'amuser?

Et vous répondez: Non, il a l'air de s'ennuyer.

2. Qu'est-ce que le jeune homme dit à la jeune fille pour engager la conversation?

3. D'après Jean-Pierre, quand est-ce qu'il a rencontré la jeune fille?

4. Pourquoi la jeune fille n'a-t-elle pas de feu?

5. Pourquoi Jean-Luc a-t-il raison de faire du droit?

6. Que font toutes les filles aujourd'hui?

7. Pourquoi est-ce que Jean-Pierre ne veut pas se décider trop jeune?

8. Que fait la jeune fille rousse comme études?

⌒ **13.4 Production orale**

Ecoutez les dialogues suivants. Dans chaque dialogue, vous allez jouer le rôle d'un des personnages. Vous allez entendre chaque dialogue en entier une fois. Puis vous allez jouer le rôle du personnage indiqué.

Exemple: 1. (Jean-Pierre et Annick)   Vous allez être Annick.

Ecoutez le dialogue entre Jean-Pierre et Annick.

JEAN-PIERRE: Pardon, Mademoiselle, vous avez du feu?

ANNICK: Non, je ne fume pas.

Maintenant à vous, vous êtes Annick. Vous entendez:

JEAN-PIERRE: Pardon, Mademoiselle, vous avez du feu?

Vous répondez: Non, je ne fume pas.

2. (Jean-Pierre et Jean-Luc)   Vous allez être Jean-Luc.
3. (Jean-Luc et Jean-Pierre)   Vous allez être Jean-Pierre.
4. (Jean-Pierre et Jean-Luc)   Vous allez être Jean-Luc.
5. (Jean-Pierre et Jean-Luc)   Vous allez être Jean-Luc.

Préparation à la communication

⌒ **13.5 Observation: Prononciation; la semi-voyelle /j/**

xo
rien

Le mot *rien* a une syllabe. Le premier son est la consonne /r/, le dernier son est la voyelle /ɛ̃/ (représentée par e*n*) et entre les deux il y a un troisième son /j/ (représentée par la lettre *i*) qui n'est pas vraiment une voyelle mais qui n'est pas vraiment une consonne non plus. C'est un son qui est à la fois voyelle et consonne. Disons que c'est une **semi-voyelle**.

Remarquez que dans *rien*, il n'y a pas de séparation entre la semi-voyelle /j/ et la voyelle /ɛ̃/. On passe directement du son /j/ au son /ɛ̃/.

⌒ **13.6 Activation orale: Prononciation; la semi-voyelle /j/**

Ecoutez et répétez.

r*i*en	prem*i*er	h*i*er
b*i*en	dern*i*er	c*i*el
T*i*ens!	escal*i*er	v*i*olet
V*i*ens!	chemis*i*er	m*i*eux
ch*i*en	courr*i*er	

13.7 Observation: Protestations

Pour protester, vous pouvez dire:

Eh, là!	Attendez, comme tout le monde!	Si on ne peut plus fumer!
Pas de resquille!	(. . .), comme tout le monde!	Si on ne peut plus (. . .)!
Pas de ça!	Oh, la la!	Où va-t-on!
Pas de (. . .)	Si on ne peut plus resquiller!	Où allons-nous?
A la queue, comme tout le monde!	Si on ne peut plus draguer!	

⌒ **13.8 Activation orale: Protestations**

Ecoutez et répétez en imitant le modèle aussi exactement que possible.

13.9 Observation: Décision et indécision

indécision	décision
Je ne sais pas....	Bon, eh bien....
Peut-être....	Voilà!
Ça dépend....	Ça y est!
Il faut voir....	C'est décidé!
Je ne suis pas très fixé(e)....	
Je ne suis pas décidé(e)....	
Je ne veux pas me décider trop tôt!	

⨀ 13.10 Activation orale: Indécision

Ecoutez et répétez en imitant le modèle aussi exactement que possible.

13.11 Observation: Accord, approbation

Pour approuver, vous pouvez dire:

C'est ça!   Tu as raison!   C'est une bonne idée!
Très bien!   C'est une idée!   Parfait!

⨀ 13.12 Activation orale: Accord, approbation

Répondez en indiquant votre approbation.

Exemple: Un ami vous dit:
1. Moi, je ne fume pas!
Qu'est-ce que vous pouvez dire pour approuver?

2. Attends-moi là, je reviens tout de suite!
3. Allons passer l'été à Saint-Tropez!

4. Moi, je crois que je vais faire du droit, parce que le droit, ça mène à tout!
5. Bon, eh bien, je vais à la queue!

13.13 Observation: Le temps qui passe; *dernier, prochain*

	passé		*présent*		*futur*	
1987	avril 1988	mercredi 8 mai 1988	mercredi 15 mai 1988	mercredi 22 mai 1988	juin 1988	1989
l'année **dernière**	le mois **dernier**	mercredi **dernier**	**aujourd'hui**	mercredi **prochain**	le mois **prochain**	l'année **prochaine**
		la semaine **dernière**	**cette** semaine	la semaine **prochaine**		
			ce mois-**ci** **cette** année			

🎧 13.14 Activation orale: Le temps qui passe; *prochain*

Répondez selon l'exemple.

Exemple:
Vous entendez: 1. C'est cet été que
vous allez en Patagonie?
Vous répondez: Non, l'été prochain.

Continuez oralement avec
l'enregistrement.

13.15 Observation: Etudes

Quand on fait des études, on peut faire:

du droit	médecine
de la sociologie	HEC
de la psychologie	l'IDHEC
des mathématiques	Polytechnique (l'X)
de la médecine	les Langues-O.
de la physique	Agro
de l'astrophysique	Normale Sup.
de l'histoire de l'art	l'ENA
etc.	etc.

Notez: HEC, l'IDHEC, l'X, Agro, Normale Sup. sont des "grandes écoles," des écoles d'enseignement supérieur où on entre par concours.

HEC = Hautes Etudes Commerciales
L'IDHEC = L'Institut des Hautes Etudes Cinématographiques
L'X = L'Ecole Polytechnique
Les Langues O. = L'Ecole de Langues Orientales
Agro = L'Institut d'Agronomie
Normale Sup. = L'Ecole Normale Supérieure
L'ENA = L'Ecole Nationale d'Administration

🎧 13.16 Activation orale: Etudes

Répondez selon les exemples.

Exemples:
Vous entendez: 1. L'informatique,
ça vous intéresse?
Vous répondez: Oui, je crois que je
vais faire de l'informatique.
(Parce que l'informatique est une
matière.)

Vous entendez: 2. L'ENA, ça vous
intéresse?
Vous répondez: Oui, je crois que je
vais faire l'ENA. (Parce que l'ENA
est une institution, une "grande
école.")

Continuez oralement avec
l'enregistrement.

13.17 Observation: Absence et abondance; *manquer*

Regardez bien:

lundi   mardi   jeudi   vendredi   samedi   dimanche

Il manque un jour (mercredi).

présence	*absence*
Tout le monde est là: il ne manque personne. Tout est là: il ne manque rien.	Tout le monde n'est pas là: il manque quelqu'un. Tout n'est pas là: il manque quelque chose.
abondance	*manque*
Il y a assez de temps: le temps ne manque pas. Ce n'est pas le temps qui manque!	Il n'y a pas assez de temps: le temps manque. C'est le temps qui manque!

⨀ 13.18 Activation orale: Absence et abondance

Répondez selon les exemples.

Exemples:
Vous entendez: 1. Il y a beaucoup de trucs!
Vous dites: Ce ne sont pas les trucs qui manquent.

Vous entendez: 2. On ne peut pas faire du ski; il n'y a
pas de neige cet hiver.
Vous dites: C'est la neige qui manque.

3. Il y a beaucoup de fils à papa à Saint-Tropez.
4. Il y a beaucoup de soleil à Saint-Tropez.

5. Il y a beaucoup de cafés à Saint-Tropez.
6. Il y a beaucoup de dragueurs à Saint-Tropez.
7. On ne peut pas aller en vacances. On n'a pas assez de temps!
8. Moi, je veux bien aller à Saint-Tropez, mais on n'a pas assez d'argent!

13.19 Observation: Formes masculines et féminines (révision et extension)

masculin	*féminin*	*masculin*	*féminin*	*masculin*	*féminin*	*masculin*	*féminin*
nouveau beau	nouvelle belle	veuf neuf inoffensif	veuve neuve inoffensive	court vert couvert idiot	courte verte couverte idiote	violet	violette
affreux matheux dangereux	affreuse matheuse dangereuse	resquilleur dragueur	resquilleuse dragueuse	premier dernier cher	première dernière chère	mexicain prochain copain malin	mexicaine prochaine copine maline
puant passant élégant collant	puante passante élégante collante	sourd froid chaud	sourde froide chaude	bleu étonné principal noir	bleue étonnée principale noire	russe sexiste impossible formidable drôle	russe sexiste impossible formidable drôle

⨀ 13.20 Activation orale: Formes masculines et féminines

Mettez au féminin selon l'exemple.

Exemple:
Vous entendez: 1. Nous allons avoir un nouveau garçon dans l'histoire.
Vous dites: Nous allons avoir une nouvelle fille dans l'histoire.

Continuez oralement avec l'enregistrement.

13.21 Observation: Discrimination; *lequel* / *celui*

Voici deux foulards. *Lequel* préférez-vous? *Celui-ci* ou *celui-là?*

	question	réponse
masculin singulier	Lequel?	Celui-ci!
féminin singulier	Laquelle?	Celle-ci!
masculin pluriel	Lesquels?	Ceux-ci!
féminin pluriel	Lesquelles?	Celles-ci!

13.22 Observation: Discrimination; *lequel* / *quel*

quel + *nom*
Quel foulard préférez-vous?
lequel = *pronom*
Lequel   préférez-vous?

Remarquez que *quel* (*quelle, quels, quelles*) est utilisé avec un nom (ici, *foulard*). *Quel* fonctionne comme un adjectif ou un article. Remarquez que *lequel* (*laquelle, lesquels, lesquelles*) est utilisé sans nom. *Lequel* remplace un nom. *Lequel* fonctionne comme un pronom.

13.23 Observation: Discrimination; *celui* / *ce*

ce + *nom*
Tu préfères **ce** foulard?
celui-ci = *pronom*
Tu préfères **celui-ci?**

Remarquez que *ce* (*cet, cette, ces*) est utilisé avec un nom. *Ce* fonctionne comme un article ou un adjectif. Remarquez que *celui-ci* (*celle-ci, ceux-ci, celles-ci*) est utilisé sans nom. *Celui-ci* remplace un nom. *Celui-ci* fonctionne comme un pronom.

13.24 Observation: Discrimination; *celui-ci, celui-là, celui de, celui qui*

celui
Prends **celui-ci**.   Prends **celui-là**.   Prends **celui de** Mireille.   Prends **celui qui** est bleu.

Remarquez que *celui* (*celle, ceux, celles*) n'est pas utilisé seul. *Celui* est suivi de *-ci, -là, de*..., *qui*..., etc.

13.25 Activation écrite: *Lequel, quel, celui*

Complétez les phrases suivantes en utilisant la forme convenable de *lequel* ou de *quel* pour la question, et la forme convenable de *celui* pour la réponse.

1. —_____ robe préférez-vous?

   —Je préfère _____-ci.

   —Et toi, _____ préfères-tu?

   —_____-là!

2. —_____ chemisier va avec cette jupe?

   —Je trouve que _____-ci va bien avec

   le rouge.

3. —Tiens, il y a des foulards, là, qui viennent sûrement

   de chez Dior.

   —Ah, oui? _____?

   —_____-là.

4. —Tu vois ces deux filles, là-bas?

   —_____?

   —_____ qui traversent la cour. Je crois

   que ce sont les soeurs de Mireille.

13.26 Activation écrite: *Lequel / celui*

Complétez le paragraphe suivant avec la forme convenable de *lequel* et de *celui*.

—Je vois un garçon superbe!

—Où ça?

—Là-bas, dans la cour.

—_____? _____ qui porte le

   jean gris et le pull bleu?

—Non, pas _____-là, l'autre à côté!

—Ah, le blond?

—Non, _____ à côté de la rousse avec la

   robe violette. Il n'est pas mal, hein?

13.27 Observation: Réalité et simulation

réalité	*simulation*
Il tombe **pour de vrai**. Il cherche **vraiment**.	Il **fait semblant** de tomber. Il **fait semblant** de chercher.

13.28 Observation: Apparence et simulation

apparence (C'est peut-être vrai.)	simulation (Ce n'est pas vrai.)
Il a l'air malade.	Il fait semblant d'être malade.
Il a l'air de comprendre.	Il fait semblant de comprendre.

⌘ 13.29 Activation orale: Apparence et simulation

Complétez selon l'exemple.

Exemple:
Vous entendez: 1. Il n'est pas malade!
Vous dites: Mais il fait semblant d'être malade!

Continuez oralement avec l'enregistrement.

13.30 Observation: Attente; *attendre, faire la queue,* présent de l'indicatif

attendre		faire	la queue
j'	**attends**	je	**fais** la queue
tu	**attends**	tu	**fais** la queue
il	**attend**	il	**fait** la queue
nous	**attendons**	nous	**faisons** la queue
vous	**attendez**	vous	**faites** la queue
ils	**attendent**	ils	**font** la queue

⌘ 13.31 Activation orale: *Attendre, faire la queue*

Répondez selon l'exemple.

Exemple:
Vous entendez: 1. Jean-Luc attend?
Vous répondez: Oui, il fait la queue.

Continuez oralement avec l'enregistrement.

⌘ 13.32 Activation orale: Dialogue entre le professeur et une jeune fille

Vous allez entendre une conversation entre le professeur et une jeune fille. Ecoutez attentivement. Vous allez apprendre les réponses de la jeune fille.

LE PROFESSEUR: Vous êtes étudiante?
LA JEUNE FILLE: **Oui, je suis à l'université.**
LE PROFESSEUR: Qu'est-ce que vous faites comme études?
LA JEUNE FILLE: **Je fais des lettres.**
LE PROFESSEUR: Quel âge avez-vous?

LA JEUNE FILLE: **J'ai 21 ans.**
LE PROFESSEUR: Et que pensez-vous de la psychanalyse?
LA JEUNE FILLE: **La psychanalyse? C'est intéressant.**

Libération de l'expression

13.33 Mots en liberté

Qu'est-ce qu'on peut laisser tomber?

   On peut laisser tomber des petits pains au chocolat, des Evian-Fruité, un bébé, de l'argent....

Trouvez encore au moins cinq possibilités.

Qu'est-ce qu'on peut porter?

   On peut porter un imper noir, une jupe, une veste, des lunettes....

Trouvez encore au moins cinq possibilités.

13.34 Mise en scène et réinvention de l'histoire

Vous rencontrez une personne formidable. Mais vous ne la connaissez pas. Imaginez un dialogue entre vous et cette personne. Donnez au moins trois répliques pour vous et trois répliques pour l'autre personne. Par exemple:

VOUS:

Vous venez souvent ici?

Vous avez du feu?

Est-ce que vous êtes riche?

Vous allez de quel côté? Est-ce que je peux vous accompagner?

Il fait beau, vous ne trouvez pas?

Tiens, c'est vous? Qu'est-ce que vous faites ici?

Je suis professeur à la Sorbonne. Et vous?

Je suis très riche, et célibataire. Et vous?

L'AUTRE PERSONNE:

Oui, je viens souvent ici.

Je ne fume pas.

Je suis Ministre de la Santé, je déteste la fumée.

Oui, j'ai du feu.

Je connais ce truc, c'est un peu élémentaire!

Ça ne marche pas, votre truc!

J'attends quelqu'un (mon petit ami, mon père, ma femme...).

Je suis marié(e).

Ça ne mène à rien, votre truc.

13.35 Mise en scène et réinvention de l'histoire

Faites le portrait... physique et moral... de Jean-Pierre Bourdon. Comment le trouvez-vous? Est-ce qu'il est grand, beau, roux ou brun? Est-ce qu'il est modeste, poli, inoffensif? Qu'est-ce qu'il fait pour engager la conversation? Qu'est-ce qu'il va être?

13.36 Mise en scène et réinvention de l'histoire

Qui est l'homme en noir? D'où vient-il? Qu'est-ce qu'il fait à la Sorbonne?

C'est
  le Ministre de la Santé.
  le père de Robert.
  le 2ème mari (argentin) de la mère de Robert.
  un étudiant.
  un terroriste suédois.
  un agent de police arménien.
  un détective anglais.

Il a
  40
  44
  29
  36
  ans.

Il vient
  du Brésil.
  d'Argentine.
  de Norvège.
  d'Italie.
  d'URSS.
  des Etats-Unis.

Il fait semblant d'être
  yougoslave.
  communiste.
  médecin.
  professeur de latin.
  gentil.
  idiot.
  sourd.
  inoffensif.

Mais il est
  psychiatre.
  basque.
  médecin.
  professeur de karaté.
  ingénieur.
  très dangereux.

Il est à Paris depuis | une heure.
la guerre.
l'an dernier.
1917.
la semaine dernière.

Il va | faire son beurre.
trouver une femme.
faire des études à l'IDHEC.
faire du droit.
organiser des manifestations.
faire une révolution.

tuer | Robert.
le Ministre.
Mireille.

Essayez de continuer l'invention.

Exercices-tests

♫ 13.37 Exercice-test: Masculin et féminin des adjectifs

Déterminez si les phrases que vous entendez parlent d'un jeune homme ou d'une jeune fille. Cochez la case appropriée.

	1	2	3	4	5	6	7	8	9	10	11	12	13	14	15	16
un jeune homme																
une jeune fille																

Vérifiez. Si vous avez fait des fautes, travaillez les sections 13.19 et 13.20 dans votre cahier d'exercices.

13.38 Exercice-test: *Ce (cette), celui (celle), quel (quelle), lequel (laquelle)*

Complétez.

1. —Quand est-ce que vous allez à Saint-Tropez? La semaine prochaine?

   —Non, c'est _____ semaine que j'y vais.

2. —C'est le mois prochain que vous partez pour la Patagonie?

   —Non, non, c'est _____ mois-ci!

3. Il y a des rousses qui sont russes, mais _____ rousse-ci n'est pas russe, elle est roumaine.

4. Il y a des rousses qui sont russes, mais _____-ci n'est pas russe, elle est roumaine.

5. Il y a des garçons qui sont roux, mais _____-ci est blond.

6. Les yeux de Mireille sont bleu-gris. _____ de sa petite soeur sont bleus.

7. —Ah! Vous connaissez une des soeurs de Mireille? _____ connaissez-vous, la petite ou l'autre?

   —Je connais _____ qui est mariée, Cécile.

8. Vous connaissez les oncles de Mireille? _____ préférez-vous, Guillaume ou l'autre?

9. Vous aimez le cinéma? _____ films préférez-vous, les films japonais ou les films anglais?

10. Vous avez vu un film de Truffaut? _____ avez-vous vu? *Baisers volés* ou *Jules et Jim?*

11. —Vous connaissez ce truc?

—_____ truc?

12. —Vous connaissez cette histoire?

—_____ histoire?

13. —Vous connaissez ces Anglaises?

—_____ Anglaises? Je ne connais pas d'Anglaises, moi!

14. —Vous connaissez ces Japonais?

—_____ Japonais?

15. —Tu vois ces filles, là-bas?

—_____? Celles qui parlent au beau brun, dans la cour?

Vérifiez. Si vous avez fait des fautes, travaillez les sections 13.21 à 13.26 dans votre cahier d'exercices.

Leçon 14

🎧 14.1 Mise en oeuvre

Ecoutez le texte et la mise en oeuvre dans l'enregistrement sonore. Répétez et répondez suivant les indications.

🎧 14.2 Compréhension auditive

Phase 1: Regardez les images et répétez les énoncés que vous entendez.

1. ___

2. ___

3. ___

4. ___

5. ___

6. ___

7. ___

Phase 2: Ecrivez la lettre de chaque énoncé que vous entendez sous l'image qui lui correspond le mieux.

125

⌔ 14.3 Production orale

Ecoutez les dialogues suivants. Dans chaque dialogue, vous allez jouer le rôle d'un des personnages. Vous allez entendre chaque dialogue en entier une fois. Puis vous allez jouer le rôle du personnage indiqué.

1. (Robert et Mireille)	Vous allez être Mireille.	5. (Mireille et Robert)	Vous allez être Robert.
2. (Mireille et Robert)	Vous allez être Mireille.	6. (Mireille et Robert)	Vous allez être Robert.
3. (Mireille et Robert)	Vous allez être Mireille.	7. (Mireille et Robert)	Vous allez être Robert.
4. (Mireille et Robert)	Vous allez être Robert.		

Préparation à la communication

⌔ 14.4 Observation: Prononciation; le son /i/

Ecoutez.

cérémon*ie*	gastronom*ie*	Il est m*i*d*i* à Par*i*s.
sympath*ie*	psycholog*ie*	V*i*ve la v*i*e!
astronom*ie*	Etats-Un*i*s	C'est gent*i*l *i*ci!

Notez que le son /i/ est fermé et long. C'est le même au début, au milieu, et à la fin d'un mot.

⌔ 14.5 Activation orale: Prononciation; le son /i/

Ecoutez et répétez.

*i*l	mat*i*née	Par*i*s
*i*dée	mér*i*te	pet*i*t
*i*mage	Amér*i*que	m*i*d*i*
h*i*stoire	prés*i*dent	*i*ci

Notez que le son /i/ est très nettement distinct du son /e/ et du son /ε/.

Ecoutez et répétez.

*i*l elle / le Berry le béret / le ferry Léo Ferré / Ann*i*e année

Ecoutez et répétez.

le Berry   le ferry   la psychanalyse   vas-*y*!   *Y*vonne

Notez que le son /i/ est quelquefois représenté par la lettre *y*.

14.6 Observation: Le bien et le mal; approbation et désapprobation; *avoir raison, avoir tort*

avoir raison/avoir tort
—Je fais du sport.
—Vous **avez raison!**
C'est bon pour la santé!
—Je fume.
—Vous **avez tort!**
Ce n'est pas bon pour la santé!

avoir		raison
J'	**ai**	**raison,** non?
Tu	**as**	bien **raison!**
Il	**a**	peut-être **raison.**
Nous	**avons**	toujours **raison.**
Vous	**avez**	sûrement **raison.**
Ils	**ont**	**raison.**

avoir		tort
J'	**ai**	**tort,** mais….
Tu	**as**	**tort!**
Il	**n'a**	pas **tort!**
Nous	**avons**	**tort?**
Vous	n'**avez**	pas **tort!**
Ils	**ont**	**tort!**

Notez que dans une discussion, vous *avez* toujours *raison*, l'autre *a* toujours *tort*.

⚮ 14.7 Activation orale: Approbation et désapprobation

Répondez affirmativement ou négativement selon les indications écrites.

Exemples:

Vous entendez: 1. Robert pense que Mireille est sympathique.

Vous voyez: C'est vrai; elle est sympathique.

Vous dites: Il a raison.

Vous entendez: 2. Mireille pense que Robert est étudiant.

Vous voyez: Ce n'est pas vrai.

Vous dites: Elle a tort!

3. Mais ce n'est pas vrai.
4. Ce n'est pas vrai non plus.
5. C'est vrai.
6. C'est vrai; elle est très gentille.

14.8 Observation: *Dire*

—Qu'est-ce que tu **dis**?

—Qui? Moi? Je ne **dis** rien!

—**Dis** quelque chose!

—Pourquoi? Je n'ai rien à **dire**!

—"Il n'y a pas de sot métier" comme **dit** Tante Georgette!

—Qu'est-ce que Tante Georgette **dit**?

—Elle **dit** qu'il n'y a pas de sot métier, que tous les métiers sont honorables.

—Oui, oui, je veux bien vous permettre de m'accompagner... comme vous **dites**!

—On ne **dit** pas ça? On ne peut pas **dire** ça? Ça ne se **dit** pas?

—Si, si, on **dit** ça! C'est très correct, mais c'est un peu cérémonieux.

—Vous êtes sympa... je veux **dire** "sympathique."

—"Sympa," ça veut **dire** "sympathique"?

—Ben, oui!

—Et "pétaouchnic," qu'est-ce que ça veut **dire**?

—Ça ne veut rien **dire**! Ça n'existe pas!

dire	
je **dis**	nous **disons**
tu **dis**	vous **dites**
il **dit**	ils **disent**

Comparez.

dire	vous **dites**
faire	vous **faites**
être	vous **êtes**

⚮ 14.9 Activation orale: *Parler, dire*

Transformez selon les exemples.

Exemples:

Vous entendez: 1. Elle parle beaucoup!

Vous dites: Oui, mais elle dit des choses intéressantes.

Vous entendez: 2. Je parle beaucoup!

Vous dites: Oui, mais vous dites des choses intéressantes.

Continuez oralement avec l'enregistrement.

14.10 Observation: Qu'est-ce que *parler* veut dire?

Comparez.

parler + *adverbe*	**dire** + *objet*
Parle!	Dis quelque chose!
Parlez français!	Dites quelque chose en français!
Il parle vite.	On ne comprend pas ce qu'il dit.
Elle parle peu.	Elle ne dit rien.
Il parle bien.	Oui, mais qu'est-ce qu'il dit?
Il ne parle pas beaucoup.	Mais il dit des choses intéressantes.
Il parle russe.	Alors je ne comprends pas ce qu'il dit.

Notez que *dire* est utilisé avec *quelque chose* et *des choses intéressantes*, qui fonctionnent dans la phrase comme des objets (des compléments d'objet direct). Avec *parler*, on trouve *vite*, *peu*, *bien*, *français*, etc., qui indiquent des **manières**, des **façons** de parler. Ce ne sont pas des objets. Ce sont des adverbes.

14.11 Activation écrite: *Parler, dire*

Complétez avec la forme appropriée du verbe *parler* ou du verbe *dire*.

1. —Vous _____ français?

   —Bien sûr, je _____ français; très bien, même!

   —Alors, pourquoi est-ce que vous ne _____

   pas?

   —Je ne _____ pas parce que je n'ai rien à

   _____.

2. —Son père _____ très bien espagnol.

   —Qu'est-ce que vous _____?

   —Je _____ que son père _____ très bien

   espagnol.

3. Robert ne _____ pas beaucoup. Mais quand

   il _____, il _____ des choses

   intéressantes.

4. Si vous avez quelque chose à _____,

   _____-le tout de suite. Mais c'est inutile de

   _____ si c'est pour _____ des choses

   stupides!

14.12 Observation: Le temps qui passe; *c'est* + jour ou saison / *il est* + heure

C'est...		Il est...	
C'est le 29 mai.	C'est le matin.	Il est 10h 50.	Il est 3h.
C'est le printemps.	C'est le soir.	Il est 11h 10.	Il est 7h.
C'est l'été.	C'est lundi.	Il est midi.	Il est 8h.

14.13 Observation: Le temps qui passe; le jour et la nuit; matin, midi, et soir

le jour   *la nuit*

6h > > > > > 12h > > > > > 18h > > > > > 0h > > > > > 6h > >

le matin   *midi*   *l'après-midi*   *le soir*   *minuit*   *le matin*

14.14 Observation: Le temps qui passe; *jour* / *journée*, *matin* / *matinée*, *soir* / *soirée*

quand?	*combien de temps?*
Ousmane va à la bibli **le jour**. Il va à la bibli **le matin**. Il va à la bibli **le soir**.	Il passe **la journée** à la bibli. Il passe **la matinée** à la bibli. Il passe **la soirée** à la bibli.
Il va à la bibli **l'après-midi**. Il va à la bibli **la nuit**.	Il passe **l'après-midi** à la bibli. Il passe **la nuit** à la bibli.[1]

Notez que *le jour*, *le matin*, et *le soir* indiquent un **moment** de la journée, une heure. *La journée*, *la matinée*, et *la soirée* insistent sur la durée.

---

1. Il est gardien de nuit, sans doute!

☊ 14.15 Activation orale: Le temps qui passe

Répondez selon l'exemple.

Exemple:

Vous entendez: 1. Mireille va à la
fac le jour?

Vous répondez: Oui, elle passe la
journée à la fac.

Continuez oralement avec
l'enregistrement.

14.16 Observation: *Vivre et habiter*

Le père de Robert n'est pas mort.
Il   **vit** toujours.
Il est   **vivant.**
Il est en **vie.**

Mireille **vit** à Paris.
Elle   **vit** avec ses parents.
Elle   **vit** chez ses parents.

Elle **habite** à Paris.
Elle **habite** avec ses parents.
Elle **habite** chez ses parents.
Elle **habite** rue de Vaugirard.
Elle **habite** au 18, rue de Vaugirard.

14.17 Observation: *Vivre*, présent de l'indicatif

vivre	
je **vis**	nous **vivons**
tu **vis**	vous **vivez**
il **vit**	ils **vivent**

☊ 14.18 Activation orale: *Vivre*

Répondez selon l'exemple.

Exemple:

Vous entendez: 1. Mireille est
parisienne?

Vous répondez: Oui, elle vit à Paris.

Continuez oralement avec
l'enregistrement.

14.19 Observation: Habitude; *avoir l'habitude de* + infinitif

Mireille connaît bien Paris. Elle *a l'habitude de* Paris. (Bien sûr, puisqu'elle habite à Paris!)

Elle va   souvent au Luxembourg.

Elle a l'habitude d'aller   au Luxembourg.

Elle travaille souvent   à la bibliothèque.

Elle a l'habitude de travailler à la bibliothèque.

☊ 14.20 Activation orale: Habitude

Répondez selon l'exemple.

Exemple:

Vous entendez: 1. Tu travailles
souvent à la bibliothèque?

Vous répondez: Oui, j'ai l'habitude
de travailler à la bibliothèque.

Continuez oralement avec
l'enregistrement.

14.21 Observation: Formes verbales; présent de l'indicatif, personnes du singulier et du pluriel

Rappelez-vous la conjugaison du verbe *travailler*.

travailler	
je **travaille**	nous **travaillons**
tu **travailles**	vous **travaillez**
il **travaille**	
ils **travaillent**	

Notez que, du point de vue de la prononciation, il y a une seule forme pour les trois personnnes du singulier et la 3ème personne du pluriel. La 1ère et la 2ème personnes du pluriel sont constituées par la forme commune ci-dessus plus le son /õ/ (-ons) pour la 1ère personne du pluriel et le son /e/ (-ez) pour la 2ème personne du pluriel. Si vous connaissez une de ces formes, vous pouvez prédire les cinq autres. Cela est vrai d'un très grand nombre de verbes (la majorité des verbes en -er et quelques autres).

⟨⟩ 14.22 Activation orale: Formes verbales

Répondez selon les exemples.

Exemples:

Vous entendez: 1. Qui est-ce qui travaille, ici?
Vous voyez: Nous!
Vous dites: Nous, nous travaillons!

Vous entendez: 2. Qui est-ce qui crie comme ça?

Vous voyez: Ce sont les manifestants!
Vous dites: Ce sont les manifestants qui crient!

3. Nous!
4. Vous!
5. Nous!

6. C'est vous!
7. C'est nous!
8. Vous!
9. C'est Mireille!
10. C'est vous!
11. Nous!

14.23 Observation: Le temps qui passe; le temps passé, l'imparfait de l'indicatif

présent	*passé*
Maintenant, Robert **est** grand; il **a** 21 ans; il **passe** ses vacances en France.	Quand il **était** petit, quand il **avait** 7 ou 8 ans, il **passait** ses vacances aux Bermudes.

Il était, *il avait*, et *il passait* indiquent le passé. Ce sont des verbes à l'imparfait de l'indicatif.

14.24 Observation: Formation de l'imparfait; radical

présent	*imparfait*
nous **av**ons	nous **av**ions il **av**ait

Les formes de l'imparfait (*avions*, *avait*) ont le même radical que la 1ère personne du pluriel du présent (*avons*). Cela est vrai de tous les verbes, à l'exception du verbe être. Si vous connaissez la 1ère personne du pluriel du présent d'un verbe, vous pouvez prédire toutes les personnes de l'imparfait... à condition de connaître les terminaisons de l'imparfait. Pour cela, voir ci-dessous.

14.25 Observation: Terminaisons de l'imparfait

Comparez.

imparfait		
avoir	**être**	**travailler**
j' av**ais**	j' ét**ais**	je travaill**ais**
tu av**ais**	tu ét**ais**	tu travaill**ais**
il av**ait**	il ét**ait**	il travaill**ait**
nous av**ions**	nous ét**ions**	nous travaill**ions**
vous av**iez**	vous ét**iez**	vous travaill**iez**
ils av**aient**	ils ét**aient**	ils travaill**aient**

Remarquez que les terminaisons sont les mêmes pour *avoir*, *être*, et *travailler*. Ce sont les mêmes pour tous les autres verbes. Donc, si vous connaissez les formes de l'imparfait du verbe *être* (ou *avoir*, ou *travailler*), et si vous vous rappelez que le radical de l'imparfait est le même que le radical de la 1ère personne du pluriel du présent, vous pouvez former toutes les personnes de l'imparfait de tous les verbes à condition de connaître le présent.

Exemples. Verbe *aller*. La 1ère personne du pluriel est *allons*. Le radical est *all-*. Vous ajoutez à ce radical les terminaisons de l'imparfait: *-ais, -ais, -ait, -ions, -iez,* et *-aient; j'allais, tu allais, il allait,* etc.

Verbe *comprendre*. La 1ère personne du pluriel du présent est *comprenons*. Le radical est *compren-*. Imparfait: *je comprenais, tu comprenais, il comprenait,* etc.

Notez le *-ons* et le *-ez* caractéristiques des 1ère et 2ème personnes du pluriel.

14.26 Activation: Discrimination auditive; terminaisons de l'imparfait

Ecoutez les phrases suivantes et déterminez si elles sont au présent ou au passé (imparfait). Cochez la case appropriée.

	1	2	3	4	5	6	7	8	9	10	11	12	13	14	15	16	17	18	19	20
présent																				
imparfait																				

14.27 Activation orale et écrite: Dictée; *avoir* et *être* à l'imparfait

Ecoutez et complétez.

1. Quand Robert _____ petit, il _____ l'habitude de passer ses vacances aux Bermudes ou en Amérique Latine, où son père _____ des intérêts.

2. Et vous? Quand vous _____ petit, où est-ce que vous _____ l'habitude de passer vos vacances?

3. Moi? Quand j'_____ petit, j'_____ l'habitude de passer mes vacances à la Martinique.

14.28 Observation: Formes masculines et féminines (révision et extension)

masculin	féminin	masculin	féminin
luxueux silencieux cérémonieux merveilleux	luxueuse silencieuse cérémonieuse merveilleuse	cher caissier banquier	chère caissière banquière
vivant président excellent	vivante présidente excellente	gardien parisien	gardienne parisienne
propre sale sympathique	propre sale sympathique	franc	franche
bon marché	bon marché		

⌒ 14.29 Activation orale: Formes masculines et féminines

Mettez au féminin selon l'exemple.

Exemple:
Vous entendez: 1. Robert est un garçon cérémonieux.
Vous dites: Mireille est une fille cérémonieuse.

Continuez oralement avec l'enregistrement.

14.30 Observation: Evénements

—Il se passe quelque chose.
—Qu'est-ce qui se passe?
—Je ne sais pas ce qui se passe.

—Qu'est-ce qu'il y a?
—Je ne sais pas ce qu'il y a.

—De quoi s'agit-il?
—Je ne sais pas de quoi il s'agit.

14.31 Observation: Réactions à un compliment

C'est gentil, mais... tu exagères!
Tu es gentil, mais... tu dis ça pour me faire plaisir!
Tu es gentille, mais... je ne te crois pas!

Vous êtes bien gentil de dire ça, mais... je ne sais pas si je dois vous croire.

Vous êtes bien gentille de dire ça, mais... je n'ai aucun mérite.

14.32 Observation: Degrés de politesse

0	Je vous accompagne.
1	Je vous accompagne?
2	Est-ce que je peux vous accompagner?
3	Est-ce que vous me permettez de vous accompagner?
4	Est-ce que je peux me permettre de vous accompagner?
5	Est-ce que vous voudriez bien me permettre de vous accompagner?

Notez que la première phrase peut ne pas être polie du tout, suivant la situation et le ton de la voix. La dernière phrase est la quintessence de la politesse. Notez que, d'une façon générale, plus la formule est polie, plus elle est longue.

🎧 14.33 Activation orale: Dialogue entre Robert et Mireille

Ecoutez cet échange entre Robert et Mireille. Vous allez apprendre les répliques de Mireille.

ROBERT: Il fait vraiment beau, n'est-ce pas?
MIREILLE: **Oui, c'est une belle matinée**.
ROBERT: Vous êtes étudiante?
MIREILLE: **Oui, je fais de l'histoire de l'art.**
ROBERT: Je viens des Etats-Unis.

MIREILLE: **Ah, vous êtes américain!**
ROBERT: Oui.
MIREILLE: **Vous n'avez pas d'accent du tout pour un Américain!**

Libération de l'expression

14.34 Mots en liberté

Qu'est-ce qu'on peut avoir l'habitude de faire?

On peut avoir l'habitude de fumer, de jouer au tennis, de draguer, de se lever à midi. . . .

Trouvez encore cinq possibilités.

14.35 Mise en scène et réinvention de l'histoire

Vous êtes Robert. Vous venez de remarquer Mireille dans la cour de la Sorbonne. Vous avez engagé la conversation (c'était le plus difficile!). Maintenant, essayez de continuer.

MIREILLE: Quelle belle matinée!
VOUS: . . .
MIREILLE: Vous êtes étudiant à la Sorbonne?
VOUS: . . .
MIREILLE: Vous n'êtes pas français?
VOUS: . . .
MIREILLE: Eh bien, vous n'avez pas d'accent du tout pour un étranger!

VOUS: . . .
MIREILLE: Il y a longtemps que vous êtes en France?
VOUS: . . .
MIREILLE: Où est-ce que vous habitez?
VOUS: . . .
MIREILLE: Vous venez souvent en France?
VOUS: . . .

14.36 Mise en scène et réinvention de l'histoire

Imaginez une conversation entre Jean-Pierre Bourdon et un psychiatre. Vous pouvez utiliser les possibilités suivantes, ou inventer, si vous préférez.

LE PSYCHIATRE:
C'est la première fois que vous venez voir un psychiatre?

JEAN-PIERRE:
| Oui.
| Non.
| Oui et non.

LE PSYCHIATRE:
Pourquoi êtes-vous ici? De quoi s'agit-il?

JEAN-PIERRE:

Les jeunes filles		formidable,
Ma mère	me trouve	inoffensif,
Mon père	me trouvent	détestable,
Mes amis		sexiste,
		fascinant,
		trop bavard,

et je suis sûr qu'
| elles
| ils | se trompe.
| il | se trompent.
| elle

LE PSYCHIATRE:
Pourquoi?

JEAN-PIERRE:
	je viens d'entrer à Polytechnique.
	j'ai un chien qui m'adore.
	j'ai bon caractère.
	je me lève à 6h tous les matins.
Parce que	je ne fume pas.
	je suis sympa.
	je suis inscrit au MLF.
	je vis avec ma mère.
	je suis très beau.

LE PSYCHIATRE:
Est-ce que vous avez des problèmes?

JEAN-PIERRE:

Non, {
je n'ai pas de chance aux cartes;
mes parents sont divorcés;
ma mère est remariée;
mon père ne m'aime pas;
mes cinq soeurs sont mortes;
je déteste les romans d'amour;
j'adore les boules de gomme;
} à part ça, ça va.

LE PSYCHIATRE:
Et alors?

JEAN-PIERRE:
Alors... je vous embête?

LE PSYCHIATRE:
Non.
Pas du tout.
Pour être franc, oui, beaucoup.
Un peu, mais c'est mon métier.

Quand vous étiez petit, vous aviez des problèmes?

JEAN-PIERRE:
J'oublie.

LE PSYCHIATRE:
Vous avez raison, il faut oublier.
Mais il ne faut pas oublier! Souvenez-vous!
Je vais vous dire: vous avez des complexes.
Bon, eh bien, ça suffit comme ça!
Ça fait une demi-heure que je vous écoute!
Ça fait 500F.
Revenez {
la semaine prochaine.
mercredi prochain.
demain; c'est grave!
}
Ne revenez pas; ce n'est pas grave.

Exercices-tests

14.37 Exercice-test: *Parler/dire*

Complétez.

1. Mireille est bavarde. Elle _____ beaucoup.

2. Je suis complètement sourd! Qu'est-ce que vous _____? _____ plus fort!

3. Nous commençons à _____ français!

4. Les Canadiens _____ "char" pour "voiture."

Vérifiez. Si vous avez fait des fautes, travaillez les sections 14.8 à 14.11 dans votre cahier d'exercices.

⋒ 14.38 Exercice-test: Présent/imparfait

Déterminez si les phrases que vous entendez sont au présent ou au passé (imparfait). Cochez la case qui convient.

Vérifiez. Si vous avez fait des fautes, travaillez les sections 14.23 à 14.27 dans votre cahier d'exercices.

	1	2	3	4	5	6	7	8	9	10	11	12
présent												
passé												

14.39 Exercice-test: Formes de l'imparfait

Complétez.

1. Le père de Robert habite New York? Je croyais qu'il _____ Chicago.

2. La mère de Robert vit en Argentine? Je pensais qu'elle _____ au Brésil.

3. Les manifestants sont dans la cour de la Sorbonne? Je croyais qu'ils _____ dans la rue.

4. Vous travaillez chez Renault? Je croyais que vous _____ chez Citroën.

5. Tu vas en France? Je croyais que tu _____ aux Bermudes.

6. Vous avez deux soeurs? Je croyais que vous _____ un frère.

7. Mireille fait de l'histoire de l'art? Je croyais qu'elle _____ de l'informatique.

8. Vous êtes gardien de nuit? Je croyais que vous _____ caissier.

9. Vous habitez à l'hôtel? Je croyais que vous _____ à la Cité.

10. Vous venez du Luxembourg? Je croyais que vous _____ de la fac.

Vérifiez. Si vous avez fait des fautes, travaillez les sections 14.23 à 14.27 dans votre cahier d'exercices.

⌖ 14.40 Exercice-test: Masculin et féminin des adjectifs

Déterminez si les phrases que vous allez entendre parlent d'un masculin ou d'un féminin. Cochez la case qui convient.

	1	2	3	4	5	6	7	8	9	10
masculin										
féminin										

Vérifiez. Si vous avez fait des fautes, travaillez les sections 14.28 et 14.29 dans votre cahier d'exercices.

Leçon 15

⌒ 15.1 Mise en oeuvre

Ecoutez le texte et la mise en oeuvre dans l'enregistrement sonore. Répétez et répondez suivant les indications.

⌒ 15.2 Compréhension auditive

Phase 1: Regardez les images et répétez les énoncés que vous entendez.

1 ____

2 ____

3 ____

4 ____

5 ____

6 ____

Phase 2: Ecrivez la lettre de chaque énoncé que vous entendez sous l'image qui lui correspond le mieux.

⌒ 15.3 Compréhension auditive et production orale

Ecoutez les dialogues suivants. Après chaque dialogue vous allez entendre une question. Répondez à la question.

1. Qu'est-ce que Mireille propose de faire avec Robert?
2. Que fait le père de Robert?
3. Si le père de Robert est riche, pourquoi Robert descend-il dans un petit hôtel?
4. Robert connaît-il beaucoup de gens à Paris?
5. Est-ce que Mireille connaît Mme Courtois?
6. Que fait la mère de Mireille?
7. Qu'est-ce que Mireille fait comme études?

⌒ 15.4 Production orale

Ecoutez les dialogues suivants. Dans chaque dialogue, vous allez jouer le rôle d'un des personnages. Vous allez entendre chaque dialogue en entier une fois. Puis vous allez jouer le rôle du personnage indiqué.

1. (Robert et la buraliste) Vous allez être la buraliste.
2. (Robert et la buraliste) Vous allez être la buraliste.
3. (Mireille et Robert) Vous allez être Robert.
4. (Robert et Mireille) Vous allez être Mireille.
5. (Mireille et Robert) Vous allez être Robert.
6. (Marie-Laure et Robert) Vous allez être Robert.

Préparation à la communication

⌒ 15.5 Activation orale: Prononciation; le son /r/ (révision)

Ecoutez et répétez.

un timbre	une boîte aux lettres	votre anniversaire
votre marraine	leur chirurgien	mardi
mercredi	leur meilleur ami	Je vais faire un tour.
par avion	Ça alors!	C'est formidable!
mystère	Pas encore!	derrière le Louvre

15.6 Observation: Degrés d'assentiment

	—Vous la connaissez?	—Vous aimez ça?
1.	—Oui, je la connais un peu.	—Oui, j'aime assez ça.
2.	—Oui, je la connais.	—Oui, j'aime ça.
3.	—Oui, je la connais très bien!	—Oui, j'aime beaucoup ça.
4.	—Si je la connais? Oh la la! Bien sûr que je la connais!	—Si j'aime ça? Oh la la! Bien sûr que j'aime ça!

15.7 Observation: Certitude et incertitude

certitude		incertitude	
Mais oui!	Evidemment!	Peut-être….	On ne sait jamais!
Bien sûr!	C'est évident!	C'est possible.	On ne peut pas savoir!
C'est sûr et certain!	Sans aucun doute!	Ce n'est pas impossible!	Sans doute….

◊ 15.8 Activation: Compréhension auditive; degrés d'assentiment; certitude, incertitude

Choisissez la meilleure réponse aux questions que vous allez entendre en entourant a, b, ou c d'un cercle.

Exemple:

Vous entendez: 1. Mireille fait des
études?

Vous voyez:

   a.   On ne peut pas savoir.
   b.   C'est possible.
   ⓒ   Mais oui!

Vous entourez *c* d'un cercle
(puisque nous savons très bien que
Mireille fait des études).

2. a. C'est sûr et certain.
   b. On ne sait jamais.
   c. Sans aucun doute.

3. a. Bien sûr qu'elle les connaît.
   b. Elle les connaît un peu.
   c. Peut-être.

4. a. Evidemment.
   b. Sans doute.
   c. Bien sûr que non.

5. a. Elle le connaît très bien.
   b. Elle le connaît un peu.
   c. Ce n'est pas impossible.

15.9 Observation: Calendrier (révision et extension)

—C'est quand, votre anniversaire?
—C'est **en** juillet,   **au** mois de juillet,   **le**   6 juillet.

en	au	le
en janvier	**au** mois de janvier	**le** dimanche 1er janvier
en février	**au** mois de février	**le** lundi 2 février
en mars	**au** mois de mars	**le** mardi 5 mars
en avril	**au** mois d' avril	**le** mercredi 9 avril
en mai	**au** mois de mai	**le** jeudi 10 mai
en juin	**au** mois de juin	**le** vendredi 22 juin
en juillet	**au** mois de juillet	**le** samedi 14 juillet
en août	**au** mois d' août	**le** dimanche 31 août
en septembre	**au** mois de septembre	**le** lundi 15 septembre
en octobre	**au** mois d' octobre	**le** mardi 6 octobre
en novembre	**au** mois de novembre	**le** mercredi 11 novembre
en décembre	**au** mois de décembre	**le** jeudi 25 décembre

à
à Noël
à Pâques
à mon anniversaire

◊ 15.10 Activation orale: Calendrier

Répondez selon l'exemple.

Exemple:

Vous entendez: 1. C'est quand,
   l'anniversaire de Robert?
Vous voyez: 23 octobre
Vous répondez: Son anniversaire est
   en octobre; c'est le 23 octobre.

2. 3 janvier
3. 21 juin
4. (?)
5. (?)

15.11 Observation: Comptes et dépenses; argent français

pièces	*billets*
une pièce de 5 centimes une pièce de 10 centimes une pièce de 20 centimes une pièce de 50 centimes une pièce de 1 franc une pièce de 2 francs une pièce de 5 francs une pièce de 10 francs	un billet de 20 francs un billet de 50 francs un billet de 100 francs un billet de 200 francs un billet de 500 francs

15.12 Observation: Achat

Dans un bureau de tabac:

LE CLIENT:
| Je voudrais un timbre.
| Est-ce que vous avez des timbres?
| Est-ce que je pourrais avoir un timbre, s'il vous plaît?
| Un timbre, s'il vous plaît.

LE BURALISTE:
Voilà.

LE CLIENT:
| C'est combien?
| Ça fait combien?
| Je vous dois combien?
| Combien est-ce que je vous dois?

LE BURALISTE:
| Quatre francs vingt.
| C'est quatre francs vingt.
| Ça fait quatre francs vingt.

ᘓ 15.13 Activation orale et écrite: Comptes et dépenses

Ecrivez en chiffres les prix que vous entendez.

1. —Elle fait combien, cette jupe?

   —_____ F.

2. —Il fait combien, ce pull?

   —_____ F _____.

3. —C'est combien, une lettre pour les Etats-Unis, par

   avion?

   —_____ F _____.

4. Un timbre pour la France, s'il vous plaît. C'est

   combien?

   —_____ F _____.

5. —Vous avez des foulards Hermès?

   —Oui, vous en avez à _____ F et à _____ F.

ᘓ 15.14 Activation orale: Comptes et dépenses; achat

Pour chacune des sommes dans l'exercice 15.13, combien de billets et de pièces est-ce que vous allez donner pour votre achat?

Exemple: 1. Dans le numéro 1, vous pouvez donner, par exemple, un billet de 100 F, une pièce de 5 F, et 4 pièces de 1 F. Ça fait 109 F.

Continuez oralement avec l'enregistrement.

15.15 Observation: Approximation

	nombre précis	nombre approximatif
10	dix	une dizaine
12	douze	une douzaine
15	quinze	une quinzaine
20	vingt	une vingtaine
30	trente	une trentaine
40	quarante	une quarantaine
50	cinquante	une cinquantaine
60	soixante	une soixantaine
100	cent	une centaine
1000	mille	un millier

Ça coûte quinze francs soixante... une quinzaine de francs.
Ça coûte quarante-deux francs ... une quarantaine de francs.
Ça coûte mille cinquante francs... un millier de francs.

᐀ 15.16 Activation orale: Approximation

Transformez selon les exemples.

Exemples:

Vous entendez: 1. Ça fait combien?
Vous voyez: 20F 40
Vous dites: Une vingtaine de francs.

Vous entendez: 2. Il y avait beaucoup
de monde à votre anniversaire?
Vous voyez: 62 personnes.
Vous dites: Une soixantaine de
personnes.

3. 1020 francs
4. 43 francs
5. 15F 60
6. 54 personnes
7. 33 personnes
8. 102 personnes

15.17 Observation: Où? A quel endroit?

à Paris
à Saint-Tropez

au   Quartier Latin
au   jardin du Luxembourg
au   Louvre
au   Sénat
au   bureau
au   bureau de poste
à la maison
à l' école
à la fac
à la Sorbonne

dans la cour de la Sorbonne
dans la rue

sur la place
sur le pont
sur un banc

sous les arcades
sous le pont

au bout du pont
au bout de la rue

derrière le Louvre
devant   le Louvre

en face du   Louvre
en face de la Sorbonne

à droite du Louvre
à gauche du Louvre

à côté   du Louvre
tout près du Louvre

là-bas
plus loin

en montant
en descendant

quai de Grenelle
rue de Vaugirard
59, quai de Grenelle
18, rue de Vaugirard

🎧 15.18 Activation orale et écrite: Où? A quel endroit?

Répondez selon l'exemple.

Exemple:

1. Vous en avez un _____ la rue des Ecoles.

Vous entendez: Est-ce qu'il y a un bureau de tabac près d'ici?

Vous répondez: Vous en avez un dans la rue des Ecoles.

Vous écrivez: <u>dans</u>

2. Vous en avez un à gauche _____ descendant la rue.

3. Tenez, il y en a un _____ la place là-bas.

4. Nous avons rendez-vous _____ Jardin du Luxembourg, près _____ la Fontaine Médicis.

5. Bien sûr qu'elle fait des études! Elle est étudiante _____ la Sorbonne.

6. Si je le connais? Bien sûr que je le connais. J'habite rue de Vaugirard, en face _____ Sénat.

7. Il est _____ Quartier Latin.

8. Elle le rencontre _____ la cour de la Sorbonne.

15.19 Observation: *Du, des*; contraction de *de* avec les articles *le* et *les* (révision et extension)

de + le = du	de + les = des
le Luxembourg le jardin **du** Luxembourg Elle vient **du** Luxembourg. **le** temps Elle a **du** temps. **le** sport Elle fait **du** sport.	**les** Etats-Unis Il vient **des** Etats-Unis. **les** timbres Il voudrait **des** timbres.

Notez que *du* remplace *de* suivi de l'article défini *le*, et *des* remplace *de* suivi de l'article défini *les*.

15.20 Observation: *Au, aux;* contraction de *à* avec les articles *le* et *les* (révision et extension)

à + le = au	à + les = aux
le bridge Elle joue **au** bridge. **le** Luxembourg Elle va **au** Luxembourg.	**les** échecs Elle joue **aux** échecs. **les** Etats-Unis Elle va **aux** Etats-Unis.

Notez que *au* remplace *à* suivi de l'article défini *le*, et *aux* remplace *à* suivi de l'article défini *les*.

15.21 Observation: Tableau récapitulatif

pas de contractions	*contractions*
de + article défini *la* = **de la** *de* + article défini *l'* = **de l'** *à* + article défini *la* = **à la** *à* + article défini *l'* = **à l'**	*de* + article défini *le* = **du** *de* + article défini *les* = **des** *à* + article défini *le* = **au** *à* + article défini *les* = **aux**

ᏕᏕ 15.22 Activation orale: Contractions avec *à*

Répondez selon l'exemple.

Robert et Mireille vont se retrouver.
C'est sûr et certain! Mais où est-ce
qu'ils vont se retrouver?

Exemple:
Vous entendez: 1. Je préfère la
   bibliothèque.
Vous dites: Ils vont se retrouver
   à la bibliothèque.

Continuez oralement avec
l'enregistrement.

ᏕᏕ 15.23 Activation orale: Contractions avec *de*

Répondez selon l'exemple.

Exemple:
Vous entendez: 1. Mais où étais-tu?
   Tu étais à l'hôtel?
Vous répondez: Oui, je viens de
   l'hôtel.

Continuez oralement avec
l'enregistrement.

15.24 Observation: *En* (révision et extension)

	en	*quantité*
—Je voudrais des timbres.		
—Combien	**en** voulez-vous?	
—J'	**en** voudrais	**deux.**
—Il reste des timbres?		
—Oui, il	**en** reste	**une dizaine.**
—Elle fait du sport?		
—Oui, elle	**en** fait.	
—Elle	**en** fait	**beaucoup.**
—Où y a-t-il une boîte aux lettres?		
—Il y	**en** a	**une** à droite.
—Vous	**en** avez	**deux** dans la rue.

	en	*verbe*	*quantité*	
Vous	**en**	avez	**une**	à droite.
Vous allez	**en**	voir	**deux**	en montant.
Il y	**en**	a	**deux**	là-bas.
Il y	**en**	a	**quatre**	sur la place.
Il y	**en**	a	**une dizaine**	dans la rue.
Il y	**en**	a	**beaucoup**	dans le quartier.
Il n' y	**en**	a	**pas**	ici.

ᏕᏕ 15.25 Activation orale: *En*

Répondez selon les exemples.

Exemples:
Vous entendez: 1. Y a-t-il un bureau de poste dans le
   quartier?
Vous voyez: 0
Vous répondez: Non, il n'y en a pas dans le quartier.

Vous entendez: 2. Il reste des boules de gomme?
Vous voyez: beaucoup
Vous répondez: Oui, il en reste beaucoup.